I0081900

Vert

ANNIBAL,

TRAGÉDIE.

Yth
987

ANNIBAL,

TRAGÉDIE

EN TROIS ACTES.

Par M. Firmin DIDOT.

BIBLIOTHEQUE ROYALE

A PARIS,

DE L'IMPRIMERIE DE FIRMIN DIDOT,

IMPRIMEUR DU ROI, DE L'INSTITUT, ET DE LA MARINE,

RUE JACOB, N° 24.

1820.

PRÉFACE.

Le sujet d'Annibal n'a pas été traité par nos grands maîtres; il a été abandonné aux auteurs d'un ordre inférieur, parmi lesquels on trouve Thomas Corneille et Marivaux, qui firent représenter leurs tragédies, l'un en 1669, l'autre en 1720. Le style de Marivaux est sans doute moins faible que celui de Thomas Corneille : mais les pièces de ces deux auteurs m'ont semblé défectueuses surtout sous le rapport de la composition, puisque, dans Thomas Corneille, il n'est guère question que du mariage d'une fille d'Annibal, dont Nicomède, le vieux Prusias, et un Attale, cru roi de Pergame, sont amoureux; et que, dans Marivaux, il s'agit du mariage d'une fille de Prusias avec le vieux général carthaginois, dont l'ambassadeur romain est le rival.

On a donné au Théâtre Français, il y a près de six ans, une tragédie d'Annibal, en trois actes. Je n'ai rien à dire de cet ouvrage, qui était l'essai d'un jeune homme.

La tragédie de la Mort de César, celle du Philoctète de Sophocle, traduit avec élégance et fidélité par La Harpe, ont été livrées à l'impression d'abord, et le public depuis en a demandé la représentation. Puis-je raisonnablement me flatter de l'honneur que méritaient les grands noms de Sophocle et de Voltaire?

« Quelle force de tête ne faut-il pas pour soutenir « sur la scène un grand caractère donné par l'his- « toire! » Cette phrase de La Harpe (Cours de Littérature, t. XI, p. 322), ne laisse pas que d'être effrayante pour un auteur. Il ajoute un peu plus bas : « Tous ceux qui avaient mis sur la scène « César, Annibal, Alexandre, Scipion, ne les y ont « pas fait reconnaître : il a fallu Voltaire pour faire « parler César. » La Harpe aurait dû ajouter : « Il « est vrai que Racine était fort jeune quand il mit

« Alexandre sur la scène, puisque ce divin poëte,
« qui n'a besoin d'excuse que pour ses deux pre-
« miers ouvrages, avait à peine vingt-quatre ans
« lorsqu'il composa sa seconde tragédie. On peut
« dire également que si le grand Corneille, dans
« la Mort de Pompée, n'a pas représenté César
« avec toute la dignité convenable, c'est qu'en
« rendant César amoureux, il a cédé au goût
« du temps, ou plutôt au goût des comédiens, qui,
« petits-maîtres [1] et grands seigneurs dès cette épo-
« que, refusèrent encore depuis de représenter
« l'OEdipe de Voltaire, parce que l'auteur n'avait
« pas fait dans sa tragédie un rôle pour l'*Amou-*
« *reuse*, et le contraignirent de gâter l'OEdipe
« de Sophocle par l'amour ridicule du *vieux*
« Philoctète pour la *vieille* Jocaste, mariée deux
« fois, et dont le fils avait déja quatre grands
« enfants au moins. »

J'ai cru que la Tragédie pouvait être considérée
sous un point de vue en quelque façon nouveau :

----

(1) Voltaire, Lettre au P. Porée, sur OEdipe.

qu'un poëte tragique, sur-tout à une époque où les grands peintres de l'École française nous ont accoutumés dans leurs tableaux à une vérité locale très-sévère, devait, en présentant un personnage fameux dans l'histoire, faire connaître les mœurs, les usages, les hommes célèbres du temps, la situation et la politique des peuples qui ont joué quelque rôle à cette époque. Un tel ouvrage, s'il eût été exécuté comme je l'avais conçu, ne devrait, pour ainsi dire, pas offrir un vers qui ne sortît du fonds du sujet; et des lecteurs familiarisés avec les écrivains qui ont exposé les grands événements de l'histoire ancienne, et peint les personnages qui y ont pris part, pourraient oublier quelquefois qu'ils lisent l'ouvrage d'un moderne.

Il me semble que si diverses époques de l'histoire d'un peuple étaient représentées avec fidélité, le théâtre deviendrait réellement une école sous le rapport de l'instruction historique. Un auteur n'aurait-il donc qu'une médiocre récompense de ses veilles, si son travail avait le bonheur de plaire

à la classe des hommes qui veulent retirer quelque
utilité du temps même qu'ils consacrent à leurs
délassements? On me répondra peut-être : « Malheur
« à l'auteur qui se borne à instruire!» Il faut savoir
intéresser ; et se rappeler toujours que, pour obtenir à-la-fois les suffrages de la jeunesse et de l'âge
mûr, on doit réunir ces deux qualités, suivant
l'admirable précepte d'Horace :

Centuriæ seniorum agitant expertia frugis,
Celsi prætereunt austera poëmata Rhamnes ;
Omne tulit punctum qui miscuit utile dulci,
Lectorem delectando pariterque monendo.
ARS POET. 541 et seq.

Pour bien connaître Annibal, je ne me suis pas
contenté de lire les historiens latins, qui sont avec
raison suspects d'avoir dénigré ce grand homme
d'une manière quelquefois révoltante : j'ai lu avec
soin les auteurs grecs, qui ont pu d'ailleurs avoir
connaissance de quelques livres des Carthaginois,
livres que, à l'exception des ouvrages de Magon sur
l'agriculture, les Romains ont détruits, en les dis-

persant dans les états des divers petits princes de l'Afrique.

J'avais eu l'intention de citer dans les notes les passages des auteurs dont le texte m'eût servi partout d'autorité, ainsi que les traits que j'avais imités, sur-tout des anciens poëtes grecs et latins; mais j'en ai supprimé une grande partie, me rappelant que Racine, comme il le dit dans sa préface de Britannicus, avait jugé que l'extrait des beaux passages, qu'il avait imités de Tacite seulement, tiendrait presque autant de place que sa tragédie même.

J'ai cru devoir mettre beaucoup de simplicité dans la marche d'une pièce qui est du genre classique le plus sévère; mais il eût fallu sur-tout imprimer au style la force et la hauteur qu'un lecteur judicieux a le droit d'exiger de l'écrivain qui ose retracer sur la scène l'ame d'Annibal. Ce n'est pas sans doute à un succès éclatant comme celui des *Templiers*, succès justement obtenu par M. RAYNOUARD, que peut prétendre cet ouvrage;

mais je pense néanmoins que si on le représentait avec simplicité et noblesse, il ne serait pas jugé indigne de paraître sur la scène française, et qu'il obtiendrait l'estime de ceux qui attachent du prix à la vérité historique, à celle des mœurs, et, j'oserai le dire, à l'étude des grands modèles de l'antiquité.

ANNIBAL,

TRAGÉDIE.

PERSONNAGES.

ANNIBAL.

PRUSIAS, roi de Bithynie.

NICOMEDE, fils de Prusias.

FLAMINIUS, ambassadeur romain.

ARBATE, capitaine des gardes de Prusias.

ARCAS, officier de Prusias.

HIARBAS, suivant d'Annibal.

La scène est à Prusa, en Bithynie, au palais du roi.

Au fond du théâtre, sur un des côtés, on voit l'entrée d'une des tours qu'habite Annibal.

ANNIBAL,

TRAGÉDIE.

❖

ACTE PREMIER.

SCÈNE PREMIÈRE.

PRUSIAS, ARBATE.

PRUSIAS.

Quoi donc! un roi d'Asie, oubliant sa grandeur,
D'un sénat orgueilleux craindrait l'ambassadeur!
Nos ports lui sont ouverts, et ton prince est tranquille:
Les Romains d'Annibal respecteront l'asyle.
La Bithynie en lui trouve un ferme soutien,
Cher Arbate; son nom fait respecter le mien.
Déja deux fois vaincu, cet insolent Eumène,
Cet ami des Romains et l'objet de ma haine,
Qui, fier de voir par eux accroître ses états,
Pensait impunément offenser Prusias,
Malgré ses alliés, a fait l'expérience

Qu'il était dangereux d'appeler ma vengeance.
Cependant il s'expose à des revers nouveaux :
Ce monarque, suivi d'innombrables vaisseaux,
Veut venger ses affronts, et, vaincu sur la terre,
Croit trouver sur les eaux un destin moins contraire;
Mais bientôt à mes pieds tu le verras soumis.
Que peuvent contre moi d'impuissants ennemis?
Je me ris des projets que leur faiblesse enfante;
Et je signe la paix d'une main triomphante.

ARBATE.

Redoutez des succès brillants, mais passagers,
Dont le charme nouveau vous cache les dangers :
Il en est temps, seigneur; et quand Rome s'avance,
Par l'exil d'Annibal désarmez sa vengeance.

PRUSIAS.

Moi, bannir un héros qui m'a prêté son bras!

ARBATE.

Voulez-vous donc payer du prix de vos états
L'honneur de retarder sa chûte inévitable!
Éloignez, croyez-moi, cet hôte redoutable.
C'est vous-même qu'ici menacent ses exploits.
Quoi donc! apprendra-t-il à fléchir sous vos lois,
Ce guerrier dont l'orgueil indocile et sauvage
N'a pu même obéir aux ordres de Carthage?
Plaindra-t-il vos revers? Lorsque Carthage en pleurs,
Des conseils d'Annibal expiant les malheurs,

Sous le poids des impôts gémissait appauvrie,
L'inhumain se riait des maux de sa patrie.
Que prétend-il enfin? Quels sont ses vœux secrets?
Pensez-vous qu'occupé de vos seuls intérêts
Ce farouche étranger dans ce moment n'aspire
Qu'à vous voir sur l'Asie étendre votre empire?
Ennemi des Romains bien plus que votre ami,
Annibal, hasardant votre sceptre affermi,
Veut contre Rome au loin puissante et révérée
Armer, à vos périls, sa haine invétérée.

PRUSIAS.

Ne sais-je point régner?

ARBATE.

Sans justice et sans foi,
Le sénat d'ennemis environne mon roi,
Et par la perfidie ose tout entreprendre.

PRUSIAS.

Arbate, explique-toi.

ARBATE.

Rome peut-elle attendre
Qu'un jour, de son pouvoir formidable rival,
Vous alliez dans son sein reporter Annibal?
Déja dans ses discours sa haine se déclare;
Sa politique en vous accuse un prince avare,
Impie envers le ciel autant qu'ambitieux,
Avide ravisseur des images des dieux,

Et va bientôt, armant les nations voisines,
Accabler Annibal sous vos propres ruines.

PRUSIAS.

J'aime mieux, s'il le faut, périr avec éclat,
Que d'aller quelque jour, aux portes du sénat,
Humilier un front orné du diadême.
Rome ose m'insulter, Arbate; et c'est toi-même
Qui voudrais que ton roi, sous la pourpre blanchi,
Allât ramper enfin comme un vil affranchi!
Ah! qu'un sénat perfide et m'outrage, et m'accuse;
Qu'il vante encore, armé d'artifice et de ruse,
Son respect pour les dieux, sa foi, son équité;
Va, c'est de sa terreur que naît sa piété:
Si jadis les Romains, étalant un saint zèle,
Des champs de la Phrygie appelèrent Cybèle,
C'est que Rome, à l'aspect d'Annibal furieux,
Ne crut pas dans ses murs avoir assez de dieux.
Rome, insolente ailleurs, ici sera modeste.
Pour moi, quand l'âge éteint la vigueur qui me reste,
J'assure à mes états un puissant défenseur;
Et je me plais à voir mon jeune successeur
Étudier sous lui le grand art de la guerre.

ARBATE.

Ah! seigneur, par son âge et par son caractère,
Nicomede indiscret, impatient, altier,
N'a que trop de penchant à suivre ce guerrier:

Frappé de ses exploits, il le vante, il l'admire ;
C'est pour Annibal seul que votre fils respire ;
Il ne connaît, n'entend, et ne voit qu'Annibal.
Aussi, grace aux leçons de ce vieux général,
Il desire la guerre, il l'appelle ; et peut-être
Dans sa haine pour Rome il égale son maître.
Cependant cette ardeur qui l'entraîne aux combats
Lui gagne par degrés l'amitié des soldats :
Il est ambitieux.

PRUSIAS.

S'il était vrai, son père
Ne serait plus pour lui qu'un monarque sévère.
Mais on vient : je l'entends ; c'est le prince.

SCÈNE II.

NICOMEDE, PRUSIAS, ARBATE.

PRUSIAS.

Mon fils,
L'allié des Romains est-il déja soumis ?

NICOMEDE.

Il est vaincu, seigneur.

PRUSIAS.

Et quel destin prospère...?

NICOMEDE.

Précédé de sa flotte et nombreuse et légère,
Ce roi rapidement s'avançait sur les eaux ;
Annibal qui, privé d'habiles matelots,
N'aurait qu'avec lenteur contre une flotte active
Armé de cent vaisseaux la défense tardive,
Dès la veille avait fait, par un ordre soudain,
Courber les mains de fer et les griffes d'airain
Qui devaient, retombant sur ces vaisseaux agiles,
Lier leurs flancs captifs à nos bords immobiles.
Partons, amis, dit-il à ces vaillants soldats
Que lui-même à toute heure il exerce aux combats ;
Eumène est-il instruit de nos ruses de guerre ?
Nous vaincrons : ce combat n'est qu'un combat sur terre.
Il dit ; et des rameurs tous les bras à-la-fois
Ébranlant nos vaisseaux que ralentit leur poids,
De ces remparts flottants traînent la lourde masse.
Et cependant, de l'onde effleurant la surface,
Plus léger que l'oiseau qui traverse les airs,
L'ennemi vient. Vos nefs s'écartent sur les mers ;
Les navires légers nous suivent, pleins de joie,
Sans ordre, et déja même insultant à leur proie ;
Quand de nos mains de fer, par-tout, sur les deux rangs,
Les ongles recourbés s'attachent à leurs flancs ;
Et d'un rapide choc les galères froissées

Font voler en éclats les rames fracassées.
Alors sur leurs vaisseaux la mort monte avec nous;
Plus de fuite : les uns expirent sous nos coups;
D'autres veulent briser le lien qui les presse;
Mais presque tous, voyant que la force ou l'adresse
De nos chaînes d'airain ne peut les dégager,
Comme de vils troupeaux se laissent égorger.
Quelques-uns dans les flots fuyant la mort présente,
Succombent écrasés sous la rame pesante;
Et les mourants, les morts, les débris des vaisseaux,
Nagent autour de nous, dispersés sur les eaux;
Ils couvrent les rochers, ils couvrent le rivage.
Eumène, sur les mers, seul échappe au carnage.
Alors, aux yeux du peuple accouru près du bord,
Vos vaisseaux, de concert navigeant vers le port,
Salués tour-à-tour par mille cris de joie,
Au milieu des débris traînent leur double proie.

PRUSIAS.

Que des rois lâchement sous Rome aillent fléchir,
Moi, d'un joug odieux je saurai m'affranchir.

NICOMEDE.

Ah! faites plus encore, et délivrez la terre.
Attaquons l'Italie, il en est temps, mon père!
Rome depuis long-temps dans ses propres états
Nous aura préparé des vivres, des soldats:

Marchons : qu'avec respect le monde considère
Les projets d'Annibal achevés par mon père.
Les Romains vont frémir jusque dans leurs foyers.
Que vous demande-t-il ? douze mille guerriers :
Il va d'un long sommeil réveiller sa patrie,
Soulever les Toscans, armer la Ligurie,
Et pour combattre Rome, appeler les Gaulois,
Qui d'Annibal encor reconnaîtront la voix.

PRUSIAS.

Quel est ton sentiment, Arbate ? ta prudence
Craindrait-elle...?

ARBATE.

      Un sujet doit garder le silence.
Le respect me défend....

PRUSIAS.

      Non ; je connais ta foi :
Parle avec liberté ; c'est l'ordre de ton roi.

ARBATE.

Le dessein qu'on propose est grand et magnanime ;
Mais, dût-on obtenir un concours unanime,
Ces peuples et ces rois, quel sera leur lien ?

NICOMEDE.

L'intérêt ; des traités le plus ferme soutien.

PRUSIAS.

Oui, je réunirais les forces divisées

Que Rome l'une à l'autre a toujours opposées :
Philippe, Antiochus, indignés en secret ;
Les Grecs libres de nom, esclaves en effet ;
L'Étolien sur-tout, à qui Rome parjure
Pour prix d'un grand service a prodigué l'injure :
Et tandis qu'avec nous ces peuples et ces rois
Viendraient de leurs efforts l'accabler à-la-fois,
Mon fils pourrait alors, vainqueur en Thessalie,
Prêt à me secourir, menacer l'Italie.

NICOMEDE.

Les Romains fléchiront, pressés de toutes parts ;
Il faut que dans trois mois, réduite à ses remparts,
Rome, autour d'elle en vain rappelant ses cohortes,
Entende encor crier : « Annibal est aux portes ! »

ARBATE.

Ces rois hésiteront....

NICOMEDE.

Ils n'hésiteront pas.
La peur ne suffit plus pour sauver les états.

ARBATE.

Un sujet consulté doit un avis sincère.
Faut-il le dire enfin ? Le ciel à votre père
N'a fait dans Annibal qu'un funeste présent ;
J'admire comme vous ce génie imposant
Devant qui trébucha la fortune romaine ;

Mais ce fier Africain, l'objet de tant de haine,
Dont la tête est déja dévouée au malheur,
(à Prusias.)
Cherche avec qui tomber ; et vous choisit, seigneur.
Rome...

NICOMEDE.

Avec Annibal, que craignez-vous de Rome,
Arbate ? oubliez-vous les faits de ce grand homme ?
Et ce trajet hardi, le plus beau des exploits ?
Lorsque Annibal, à peine à l'âge où je me vois,
Soumet l'Afrique, et prend l'Espagne qu'il enchaîne.
C'est en vain que les dieux entre Rome et sa haine
Placent les monts, les rocs, les fleuves, les marais ;
Tout est franchi, Pyrène, Alpes, fleuves, forêts ;
Et, creusant des rochers la surface amollie,
Par leurs flancs calcinés il entre en Italie.

ARBATE.

Que restait-il alors des cent mille soldats,
Qu'au travers des périls, à de lointains combats
Il traînait après soi du fond de la Lybie ?

NICOMEDE.

Ce qui reste ? Annibal. Dirai-je la Trébie,
Trasymène, témoin d'un triomphe nouveau,
Cannes, qui des Romains fut presque le tombeau,
Tant d'illustres combats, de savantes retraites,
Et leur pays entier fameux par leurs défaites ?

Nommerai-je les chefs qu'Annibal a vaincus?
Marcellus, Scipion, Paul Émile, Gracchus?...

ARBATE.

Loin de moi le dessein d'abaisser un tel homme!
Mais, quel était son but? c'était de prendre Rome:
L'a-t-il prise? A ce chef quels dieux en ont ôté
Tantôt l'occasion, tantôt la volonté?
Il n'obtint en effet qu'une gloire stérile.
Redouté mais errant, vainqueur mais sans asyle,
D'un chimérique espoir sans cesse il a vécu;
Il fallait toujours vaincre.

NICOMEDE.

            Il a toujours vaincu.

ARBATE.

Heureux que la fortune à ses talents unie...

NICOMEDE.

La fortune est toujours aux ordres du génie.

ARBATE.

Annibal fut pourtant défait par Scipion.

NICOMEDE.

Quoi! les causes, les temps, les lieux, l'occasion,
Vous n'examinez rien; et, comme le vulgaire,
Par l'événement seul vous jugez de la guerre!
Dans les champs d'Italie, osa-t-on l'attaquer?
Là, d'hommes, de secours, on le laisse manquer;

Que dis-je? de l'envie écoutant le délire,
Carthage pour le perdre avec Rome conspire :
Enfin, après seize ans, seul, des siens oublié,
Afrique, Espagne, appuis, soldat, place, allié,
Autour de lui, tout tombe, excepté son courage :
Et Rome, déja prête à renverser Carthage,
Rome n'ose pas même affronter le regard
D'Annibal, qui, n'ayant que son nom pour rempart,
Mais formidable encore, au fond de l'Hespérie,
Défend, malgré les dieux, son ingrate patrie.
Non : celui qui, seize ans, sans soutien, sans secours,
De tant d'heureux travaux a poursuivi le cours,
N'a point eu pour vainqueur, ou Scipion, ou Rome :
C'est Carthage qui seule a vaincu ce grand homme.
   Mais enfin, corrigeant un sort injurieux,
Mon père ici lui rend sa patrie et ses dieux :
Annibal trouvera le prix de ses services :
Il ne craint plus qu'Hannon et ses lâches complices,
Pour prix de ses exploits le livrent aux Romains.
Déja ce trône brille affermi par ses mains ;
Et le roi n'aura point de sujet plus fidèle.

ARBATE.

Je ne veux accuser ni sa foi, ni son zèle ;
Qui peut croire en effet ce qu'on a raconté
Et de sa perfidie et de sa cruauté ?

NICOMEDE.

Lui cruel! lui perfide!

PRUSIAS.

Ah! pouvez-vous le croire:
Sous un tel guide, instruit aux vertus, à la gloire,
Mon fils n'apprend qu'à vaincre.

ARBATE.

Apprend-il à régner?

NICOMEDE.

Mon père, à son défaut, saura me l'enseigner.
Que Rome sans pudeur contre Annibal éclate;
Mais Arbate...!

PRUSIAS.

Mon fils, ne pensez point qu'Arbate
Soit jaloux...

NICOMEDE.

Non, seigneur, je le crois comme vous:
Il est des noms si grands qu'on n'en est point jaloux.

ARBATE.

Je me tais, puisque enfin on soupçonne mon zèle.

NICOMEDE.

Croyez-en votre fils; une gloire immortelle
Va suivre d'Annibal les illustres projets;
Voyez les rois voisins enviant vos succès:
Rome qu'à votre char enchaîne la victoire;

Annibal près de vous vieillissant plein de gloire ;
Et l'Asie à vos pieds, libre enfin de ses fers,
Proclamant Prusias vengeur de l'univers.

PRUSIAS.

Au temple, où l'on m'attend, un pompeux sacrifice
Devait à nos combats rendre le ciel propice,
Que pour notre victoire on l'offre aux dieux, mon fils :
Allons les consulter. Oui, leurs secrets avis
M'instruiront si je dois, à leurs ordres fidèle,
De Rome et d'Annibal réveiller la querelle.

ARBATE, seul.

Prusias les écoute ; ils le perdront : et moi,
Quels que soient les périls, je veux sauver mon roi.
Mais j'entends Annibal : tout fier de sa victoire,
Il vient ; sortons.

SCÈNE III.

ANNIBAL.

(Il est entouré de guerriers. Il donne à Hiarbas son casque et ses armes.)

Guerriers, déja couverts de gloire,
Vous marcherez bientôt à de nouveaux combats.
Prenez quelque repos. Et toi, rentre, Hiarbas.

(Hiarbas entre dans la tour.)

SCÈNE IV.

ANNIBAL.

Que me font ces honneurs, ces vœux, ces sacrifices?
Ai-je donc en effet les dieux assez propices
Pour aller de présents surcharger leurs autels?
Et que demanderais-je enfin aux immortels?
Que Pergame expirant croule encor dans la flamme?
Dieux! exterminons Rome! et conservez Pergame;
C'est Rome que je hais. Oui, quand de toutes parts,
Du haut de l'Aventin prolongeant mes regards,
J'aurai vu les Romains échappés du carnage
Ne fuir que pour trouver la mort ou l'esclavage;
D'un sacrifice alors donnant l'heureux signal,
Rome en cendres, voilà l'offrande d'Annibal!
Insensé, que dis-tu? Vœu tardif et frivole!
Il te fallait marcher de Canne au Capitole,
Quand, sur le Vergellus, tu vis tes Africains
Se faire un pont nouveau de cadavres romains,
Écrasant tout, consuls, légions, et cohortes:
Tes mains de Rome alors pouvaient briser les portes;
Alors tu commandais d'invincibles guerriers.
Je ne t'enverrai plus de superbes courriers,

Carthage! elle a péri notre fortune antique :
Mon frère n'ira plus sur ta place publique,
Près d'un sénat jaloux, trois fois, à pleins boisseaux,
Des chevaliers romains répandre les anneaux.
Dieux !.. Mais un roi m'estime, et son fils me révère ;
Espérons tout. Et toi, Rome, qui sur la terre
Faisant de toutes parts peser ton joug fatal,
Dans un coin de l'Asie oubliais Annibal,
Tremble ! je puis revoir la roche tarpéienne :
Oui, sous ton Capitole, objet de tant de haine,
Cette main portera la hache et le flambeau ;
Dût-il, croulant sur moi, me servir de tombeau.

SCÈNE V.

ANNIBAL, NICOMEDE.

NICOMEDE.

Mon père à vos projets vient enfin de souscrire ;
La guerre est résolue ; à nos vœux tout conspire,
Annibal.

ANNIBAL.

Je vais donc attaquer les Romains !

NICOMEDE.

Ah ! vers la Thessalie ouvrez-moi des chemins :

Pour servir vos projets, parlez; que dois-je faire?
Guidez-moi, c'est un fils qui consulte son père;
Souffrez que Nicomede ose ainsi vous nommer.

ANNIBAL.

Eh! qui peut vous connaître et ne pas vous aimer?
Mon fils! d'un nom si cher tout veut que je vous nomme,
Votre amitié pour moi, votre haine pour Rome.

NICOMEDE.

Croyez que Nicomede, en tout temps, en tous lieux,
Même loin d'Annibal, se croira sous ses yeux.
Que ne vous dois-je pas? Vos conseils, je l'espère,
Votre exemple...

ANNIBAL.

Imitez l'exemple de mon père;
S'il n'eût vu ses travaux par la mort suspendus,
Rome! depuis long-temps tu n'existerais plus.
Sachez, comme Amilcar, user de la victoire.
Mais, avant que d'entrer aux sentiers de la gloire,
Prince, il faut tout prévoir; il faut vous dévoiler
Des périls que le roi n'eût pas vus sans trembler.
Sachez qu'on ne peut plus vaincre la république,
Si l'on ne sait d'abord tromper sa politique;
Le vulgaire la croit un effet du hasard;
A mes yeux, c'est l'effort de l'audace et de l'art.
Divisant tour-à-tour les peuples d'Italie,

Pour vaincre le plus fort, Rome au faible s'allie ;
Elle exige toujours, quand un peuple est soumis,
Des provinces, qu'elle offre à ses nouveaux amis ;
Et du nom d'alliés le sénat les décore :
Ceux-ci qu'il ne craint plus, dont il espère encore,
Il les attache à Rome ; et nuit, par ce moyen,
A ceux qu'il craint encor, sans en espérer rien.
Jamais dans les traités il n'affecte l'empire :
Dans un calme trompeur chaque peuple respire ;
Et, pensant qu'à leur gré Rome sert leurs projets,
Tous, sans l'avoir prévu, se trouvent ses sujets.
Attaquer ses voisins bientôt devient un crime :
Rome ne souffre point qu'un autre les opprime ;
Sa main les forme au joug en défendant leurs droits.
Elle sait, évitant deux guerres à-la-fois,
Observer tout, agir, dissimuler, attendre,
Vaincre, mais s'affermir avant que de s'étendre.
Antiochus détruit, Philippe est désarmé.
Et quand de ses progrès le monde est alarmé,
Plus profonde en ses plans, à la Grèce captive
Rome offrant tout-à-coup sa liberté tardive,
Imprime au cœur des rois, muets à son aspect,
D'un côté la terreur, de l'autre le respect.
Elle subjugue ainsi la Grèce qu'elle abuse.
Cependant par la force autant que par la ruse,

Les peuples, les états, les rois humiliés,
Tombent; et le sénat les retient à ses pieds.
Ainsi Rome s'accroît des ruines du monde.

NICOMEDE.

Imitons du sénat la conduite profonde!
Il faut nous attacher, par de secrets liens,
Antiochus, Philippe, et les Étoliens,
Et la Grèce, et Carthage.

ANNIBAL.

                    Il n'est plus qu'un seul homme
Digne de se liguer avec nous contre Rome,
Philopœmen : guerrier qui, par d'heureux exploits,
Du peuple qu'il régit affermissant les droits,
Seul de la liberté retarde la ruine ;
Mais des autres états dont le pouvoir décline
Il suffit d'obtenir un faible et prompt secours ;
Aux intérêts de Rome arrachés pour toujours,
C'est assez qu'aucun d'eux ne s'arme plus pour elle.
Et comment pourraient-ils servir notre querelle?
La Grèce qui jadis a, d'un bras redouté,
Soustrait l'Europe au joug du Perse épouvanté,
Arme de ses enfants la folle jalousie,
Et du joug des Romains ne peut sauver l'Asie.
Carthage observe Rome, et n'ose résister ;
Lâches! qui deviendront, de peur de l'irriter,

D'alliés, vils sujets ; de sujets, vils esclaves.

Quant aux Étoliens, plus perfides que braves,

Quant au traître Philippe, assassin d'Aratus,

Il n'en faut rien attendre ; et rien d'Antiochus,

Qui de l'or de son peuple achète avec bassesse

Le droit de vivre infâme au sein de la mollesse.

Notre sort désormais doit dépendre de nous :

Oui, si dans mes projets je suis servi par vous,

Et par le chef vaillant que la Grèce renomme,

Prince, après trois combats, je puis assiéger Rome ;

Et, quand l'univers tremble au nom de ses préteurs,

La prendre, la brûler, vendre ses sénateurs.

SCÈNE VI.

ANNIBAL, NICOMEDE, ARCAS.

ARCAS.

L'ambassadeur romain, Flaminius s'avance ;

Lui-même il est venu demander audience :

Le roi dans un instant consent à l'écouter.

Au conseil, près du roi, le prince doit rester.

ANNIBAL.

Son père fut défait au lac de Trasymène.

La haine ici le guide.

NICOMEDE.

Eh! qu'importe sa haine?
Occupez-vous, malgré l'ambassadeur romain,
Des plans....

ANNIBAL.

Et, vous, songez que de notre dessein,
Nicomede, un seul mot peut trahir le mystère.
Ce n'est pas même assez que de savoir se taire,
Sous un front calme et froid cachez ce grand projet :
On peut en se taisant révéler son secret.

SCÈNE VII.

NICOMEDE, ARCAS.

NICOMEDE.

Que veut Flaminius? Il vient en Bithynie
Menacer d'Annibal la liberté, la vie :
Qu'il tremble! Écoute-moi; qu'on cherche Cratidas :
Qu'il m'amène à l'instant ces généreux soldats
Dont tu connais pour moi l'attachement fidèle.
Choisis pour ce message un guerrier plein de zèle :
Fais dire à Cratidas qu'il s'avance sans bruit,
Et près du bois sacré m'attende avant la nuit.

FIN DU PREMIER ACTE.

ACTE II.

SCÈNE PREMIÈRE.

PRUSIAS, NICOMEDE, ARCAS.

PRUSIAS.

MON fils, l'ambassadeur à l'instant va venir :
Quels que soient ses discours, sachez vous contenir.
Arcas, que ce Romain paraisse en ma présence.
(à Nicomede.)
Songez, prince...

ARCAS, prêt à sortir.

Seigneur, Flaminius s'avance ;
Arbate vers ce lieu conduit l'ambassadeur.

SCÈNE II.

FLAMINIUS, PRUSIAS, NICOMEDE.

FLAMINIUS.

Rome, qui vous estime, et se flatte, seigneur,
Que vous n'oserez point irriter sa colère,

Jusque dans votre cour députe un consulaire :
Et je crois qu'en ce jour vos sentiments secrets,
Prusias, sont d'accord avec vos intérêts.
Je viens vous demander quelle secrète haine
Depuis deux ans vous porte à provoquer Eumène.
Quel en est le motif ? Auriez-vous oublié
Qu'Eumène est des Romains le fidèle allié ?
Vous savez que des rois Rome est la protectrice ;
Elle aime à rendre à tous une égale justice ;
Vous l'obtiendrez, seigneur : un de ses plus beaux droits
Est celui de juger les peuples et les rois.

PRUSIAS.

Romains, on vous respecte ; et, je l'avouerai même,
On vous craint. Mais, des rois cet arbitre suprême,
Rome dispense-t-elle un prince ambitieux
Du soin de respecter les serments et les dieux ?
A-t-il droit d'annuler les traités les plus justes ?
Et jurés devant vous en sont-ils moins augustes ?
A borner mes succès je pourrai consentir,
Si ce roi, signalant un noble repentir,
Aux dieux, ainsi qu'à vous, cesse de faire injure :
Mais si vous excitiez un monarque parjure
A trahir des serments inscrits sur nos autels,
Prusias vous craint moins que les dieux immortels.

FLAMINIUS.

Prusias veut la paix ! Puis-je croire qu'il l'aime,

Lui, qui pour conseiller prend notre ennemi même?
Car enfin à quel titre épousez-vous les droits
D'un banni, qui par-tout va, s'alliant aux rois,
Porter, comme une dot, sa haine contre Rome?
Déja plus d'un exemple a fait voir que cet homme,
Si prompt à nous trouver de nouveaux ennemis,
Avec lui dans sa chûte entraîne ses amis.

NICOMEDE.

(à part.)
Modérons-nous.

(haut, sans ironie.)
Peut-être un sénat s'inquiète....

PRUSIAS, à Flaminius.

Ne puis-je à qui je veux offrir une retraite?

NICOMEDE, sans ironie.

De l'accueil qu'il reçoit Rome doit s'offenser.

PRUSIAS, à Flaminius.

L'ai-je armé contre Rome?

FLAMINIUS.

Il fallait le chasser.

NICOMEDE, sans ironie.

Ou le livrer.

FLAMINIUS.

Voyez, seigneur, le prince même
Vous engage...

NICOMEDE.

A souiller l'honneur du diadême!

A n'être qu'un roi lâche! Ah! vous vous méprenez:
Ce sont d'autres conseils qu'Annibal m'a donnés.

PRUSIAS.

Mon fils!

NICOMEDE.

Moi, voir traiter un roi digne de l'être
En esclave soumis qu'interroge son maître!
On vient vous demander de quel droit Prusias
Sans l'aveu des consuls défendit ses états;
Pourquoi sur-tout de vaincre il usurpa la gloire:
N'est-ce donc qu'aux Romains qu'appartient la victoire?
Avez-vous demandé, seigneur, de quelles mains
La Sardaigne a passé dans celles des Romains?
Par quel conseil, naguère aux Achéens ravie,
Zacynthe indignement fut à Rome asservie?
Par quels traités enfin le sénat, sous vos yeux...

FLAMINIUS.

Rome de ses traités ne rend compte qu'aux dieux.

NICOMEDE.

Comme eux, du monde entier n'est-elle pas l'arbitre?

PRUSIAS.

Pour commander aux rois la force est-elle un titre?

FLAMINIUS.

Son titre est la justice et la fidélité.

NICOMEDE.

Sagonte en sert d'exemple à la postérité.

Que veut Rome? parlez.

FLAMINIUS.

Vous épargner encore :
Voyez l'aigle voler du couchant à l'aurore ;
Les fières nations qu'assujettit Cyrus,
L'empire du héros qui vainquit Darius,
Suivre, sous notre joug, l'Afrique consternée ;
La Grèce recevoir, à mes pieds prosternée,
La faveur d'obéir à ses antiques lois ;
Le Nil nous appelant les tuteurs de ses rois ;
Et le Tage couler tributaire du Tibre :
Rois, peuples, il est temps, si l'on veut rester libre,
Que tout respecte Rome, et que ses envieux
Devant son front sacré baissent enfin les yeux.

NICOMEDE.

Des rois !... Vous m'outragez en outrageant mon père.

PRUSIAS.

Modérez-vous, mon fils !

NICOMEDE.

Que veut ce consulaire,
Qui, pour nous effrayer, vante ses actions ?
Aux pieds de Rome il met les autres nations !
Mais quand, de Marathon rappelant la journée,
La Grèce s'illustrait à Leuctre, à Mantinée,
Que fesiez-vous, Romains? quels étaient vos exploits?
Votre or affranchissait des chaînes du Gaulois

Ce peuple, qui prétend dominer sur le monde :
Et quand, vainqueur de Tyr, la maîtresse de l'onde,
Alexandre à l'Asie allait dicter des lois,
Que fesiez-vous, Romains? quels étaient vos exploits?
Combattant je ne sais quelles hordes latines,
Vos têtes se courbaient sous les fourches caudines.

FLAMINIUS.

Sans chercher qui je fus, regardez qui je suis,
Vous dit Rome; et tremblez, voyant ce que je puis.
Écoutez son arrêt, seigneur : la Bithynie
De l'antique Carthage est une colonie;
Carthage va tomber. Il vient ton jour fatal,
Exécrable cité, nourrice d'Annibal!
Rome a su le serment qu'il fit aux bords du Tage :
« Plus de paix, » cria-t-il, « entre Rome et Carthage;
« Il faut que l'une ou l'autre expire dans les feux. »
Il l'a prédit : bientôt je verrai de mes yeux
Carthage, avec ses dieux, fumante sur la terre.

PRUSIAS.

Carthage peut....

FLAMINIUS.

Â J'entends. Prusias veut la guerre;
Sur la foi d'Annibal, il va la provoquer :
Eh bien! connaissez Rome avant de l'attaquer.
Quand Rome encore, au gré de ce vieux capitaine,

Reverrait le Tésin, et Canne, et Trasymène;
Eussiez-vous d'un Brennus l'audace et les succès,
Jamais Rome au vainqueur n'accordera la paix.
Déja le noble espoir de votre ame abusée
Triomphe, et voit en Rome une conquête aisée;
Vous pensez qu'Annibal, par de nouveaux exploits,
Fera plus aujourd'hui qu'il n'a fait autrefois:
Ah! si jadis, instruit aux ruses paternelles,
Qui pour nos légions alors étaient nouvelles;
D'un joug récent encor détachant nos sujets;
Si le fils d'Amilcar, faisant à ses projets
Servir les prompts coursiers de l'Afrique et du Tage,
Suivi de vaillants chefs, secondé de Carthage,
Voyant les fiers Gaulois pour lui se dévouer,
Jeune, ardent, plein d'espoir, et, s'il faut l'avouer,
Vainqueur, n'a pu lutter contre Rome vaincue;
Par vous, en ce moment, sera-t-elle abattue?
Jamais Rome au-dehors, contre les nations,
N'arme, en les attaquant, plus de deux légions,
Elle en armera vingt, seigneur, pour se défendre:
Ou plutôt, dans vos ports vous la verrez descendre;
Mettre un roi dans les fers; et son peuple écrasé,
Et ce palais en cendre, et ce trône brisé,
Épouvanter les rois qu'en son aveugle rage
Suscite contre nous le banni de Carthage.

PRUSIAS.

Ah! l'appui d'un héros....

FLAMINIUS.

Vous deviendra fatal;

Ce proscrit...

NICOMEDE.

Scipion respectait Annibal.
Mais que veut Rome, enfin? Qu'elle parle et s'explique.
Que veut l'ambassadeur de cette république?

FLAMINIUS.

La république veut, prince, que de sa cour
Le roi chasse Annibal avant la fin du jour;
De la part du sénat, j'apporte à votre père,
S'il y consent, la paix; s'il refuse, la guerre.

PRUSIAS.

Lorsqu'en moi les Romains cherchant un allié
Viennent m'offrir un titre honorable, envié,
Je ne méprise point cette faveur insigne;
Mais dites aux Romains que j'en veux être digne:
Comme eux je mets du prix à la fidélité;
Je respecte les lois de l'hospitalité.

FLAMINIUS.

J'attendrai pour partir le retour de l'aurore.
Je laisse à Prusias le temps de voir encore
Si prenant Annibal ou Rome pour appui,
Il veut vaincre avec elle, ou tomber avec lui.

SCÈNE III.

PRUSIAS, FLAMINIUS, NICOMEDE, ARBATE.

ARBATE.

Souffrez-vous qu'Annibal jusqu'en ce lieu s'avance,
Seigneur? il veut entrer : peut-être sa présence,
Dans ce moment...

NICOMEDE.

L'appui de ce trône! un vainqueur!

FLAMINIUS.

Permettez qu'à vos yeux il paraisse, seigneur.
Je veux l'entretenir; je lui ferai comprendre
Qu'aux avis d'un Romain lui-même il doit se rendre.

PRUSIAS.

Il peut entrer.

SCÈNE IV.

ANNIBAL, PRUSIAS, FLAMINIUS, NICOMEDE.

ANNIBAL.

L'armée, en vous offrant ses vœux,
Demande que pour prix de ses efforts heureux
Son roi jette un coup d'œil sur la flotte d'Eumène
Que vos ports tout entiers ne renferment qu'à peine :
Puisse un prix plus illustre et plus digne de lui
D'un grand monarque un jour payer le noble appui!

PRUSIAS.

Malheur aux cœurs ingrats!

NICOMEDE.

Rome verra, je pense,
Qu'un roi met quelque prix à la reconnaissance.

PRUSIAS.

Venez, prince.

SCÈNE V.

ANNIBAL, FLAMINIUS.

ANNIBAL.

Je crois qu'un généreux dessein
Peut seul conduire ici l'ambassadeur romain.
Sans doute il ne vient pas, d'un cœur lâche et servile,
Outrager le malheur jusque dans son asyle,
Lui qui, pour ses bienfaits, vit jadis en son nom
La Grèce consacrer le temple d'Apollon,
Et non loin de Pella sut, digne de louange,
Apprendre aux légions à vaincre la phalange.

FLAMINIUS.

Je l'avoue, Annibal : je voulais en ce jour
Exiger que le roi vous bannît de sa cour;
Je devais mettre un frein à l'insolence extrême
D'un prince qui vous nuit auprès du roi lui-même.

3

Mais, quoique Nicomède ait voulu m'insulter,
Un grand homme de moi n'a rien à redouter.
Annibal, qui jadis de nobles funérailles
Honora nos consuls morts au champ des batailles,
Peut attendre de nous d'honorables égards.
Rome sur vos destins a porté ses regards,
Et du sort d'un héros me fait ici l'arbitre.
Protéger Annibal est sans doute un beau titre.

(Annibal ne daigne pas regarder Flaminius.)

Pour vous rendre aujourd'hui suspect aux yeux d'un roi,
Je ne vous dirai point, surprenant votre foi,
Ainsi que Villius à la cour de Syrie,
Que Rome dans son sein vous offre une patrie;
Qu'elle a plus d'une fois, par d'utiles liens,
Fait de ses ennemis ses premiers citoyens;
Non : mais ma voix vous donne un conseil salutaire.
Jouissez, il est temps, d'un repos nécessaire :
Annibal contre Rome en sa haine affermi
En vain dans l'univers lui cherche un ennemi;
Peut-être des malheurs sont prêts à vous surprendre :
Quel homme en est exempt ! Vous avez pu l'apprendre,
Dans le fond d'un cachot Philopœmen est mort.
Scipion dans l'exil vient de finir son sort.
Ce guerrier vous aimait : il rappelait naguère
Qu'il obtint sans rançon, grace à votre prière,

Un fils, qu'Antiochus lui ravit aux combats :
Et, lorsqu'à Liternum il mourut dans mes bras :
Puisse au moins Annibal, exilé par l'envie,
Dit-il, chez Prusias finir en paix sa vie!

ANNIBAL, à part.

Voilà quels sont les soins de Scipion mourant!
Il n'a rien dit, rien fait, rien pensé que de grand.

(haut.)

C'est le seul des Romains qui, graces à Carthage,
De me vaincre une fois eut enfin l'avantage ;
Et c'est aussi le seul qui, respectant mon sort,
Jamais ne demanda mon exil ou ma mort.

FLAMINIUS.

Je ne viens pas....

ANNIBAL.

Si Rome en effet voit sans crainte
La main qui sur vos murs a laissé son empreinte,
Si ce bras est trop vieux pour la faire trembler,
Pourquoi de mes destins vient-elle se mêler?

FLAMINIUS.

Le sénat doit-il donc vous voir d'un œil tranquille
Armer les souverains qui vous donnent asyle?
Rome doit s'indigner, quand les peuples, les rois,
Pourraient tranquillement respirer sous ses lois,
Que, conservant pour elle une haine profonde,

3.

Un seul homme ose encor troubler la paix du monde.

ANNIBAL.

Ainsi donc, s'il se trouve en quelque nation,
Un homme qui s'oppose à votre ambition;
S'il défend contre vous sa liberté, sa vie;
Si cet homme, en son cœur chérissant sa patrie,
Aspire à la sauver de l'affront de vos fers,
Ce n'est qu'un factieux qui trouble l'univers.

FLAMINIUS.

Je vous l'ai dit; de vous Rome n'a rien à craindre :
Mais à vieillir en paix elle veut vous contraindre.

ANNIBAL.

Rome d'un autre soin a su vous occuper.
Est-ce donc Annibal qu'un Romain croit tromper?
Quand pour gagner du temps vous montrez tant d'adresse,
Quelque gloire du moins console ma vieillesse;
Jeune, j'ai vu souvent Rome trembler sous moi;
Vieux, je la vois encor frémir du même effroi.
Adieu.

SCÈNE VI.

FLAMINIUS.

Vengeons enfin l'affront de Trasymène,
Le nom de mes aïeux. Quoi! pour aigrir ma haine

Faut-il donc rappeler nos désastres divers?
Revoir près de ce lac fameux par nos revers
Mon père, des vautours la sanglante pâture;
Et deux frères chéris, privés de sépulture,
L'un près de l'Éridan, l'autre aux bords du Tésin?
Annibal vit! il vit pour déchirer ton sein,
Rome! dois-tu le voir avec des yeux tranquilles?
N'a-t-il donc pas brûlé quatre cents de tes villes?
Annibal, en dix ans, n'a-t-il pas, sans pitié,
De tes nombreux enfants fait périr la moitié?
Il trouve en Bithynie un roi puissant qui l'aime;
Sous lui d'un prince altier fléchit l'orgueil extrême;
Il agit, il commande: armes, chevaux, soldats,
Vaisseaux même, à sa voix tout n'obéit-il pas?
  Usé par le malheur, courbé sous l'âge extrême,
Ce n'est plus, disait-on, que l'ombre de lui-même.
C'est encor son génie et son art meurtrier,
Oui, Rome! c'est encore Annibal tout entier.
L'âge en ridant son front semble accroître sa haine.
C'est un feu menaçant dont la flamme soudaine,
Dès qu'un souffle ennemi vient à le rallumer,
Brûle, éclate et s'étend, prête à te consumer.
Vengeons-nous d'Annibal; l'épargner est un crime:
A qui sert son pays tout devient légitime.
J'entends Arbate.

SCÈNE VII.

FLAMINIUS, ARBATE.

FLAMINIUS.

Eh bien! nous pouvons nous venger.
Nos intérêts communs, l'espoir et le danger,
Tout doit vous décider, Arbate, vous dont l'ame
M'a déja laissé voir le dépit qui l'enflamme,
Vous qui, chéri du roi, gouverniez son esprit,
Et voyez chaque jour tomber votre crédit.
Déja ces fiers Romains que dès long-temps la ville
A vus dans ses remparts se choisir un asyle,
Suscités par les miens, sont tout prêts à s'armer.

ARBATE.

Pour mieux perdre Annibal je dois vous informer
D'un secret....

FLAMINIUS.

Quel est-il?

ARBATE.

On vient de reconnaître
Qu'Annibal qui du roi se défiait peut-être,
Avait su découvrir dans le fond de ces tours
L'antique souterrain dont les sombres détours
Prolongent vers la mer une secrète issue;

J'en ai même observé la porte inaperçue.

FLAMINIUS.

Arbate, ainsi les lieux, le moment, le destin,
Tout nous sert, agissons; le succès est certain.

ARBATE, à part.

O mon pays! en moi ne vois jamais un traître!
J'aurai sauvé l'état, et le trône, et mon maître.

FLAMINIUS.

Cesse de craindre enfin ton ennemi fatal,
Rome! Flaminius te promet Annibal.

(Il se rapproche d'Arbate.)

Au palais dont la garde à vos soins est commise
Les chefs et les soldats....

ARBATE.

Serviront l'entreprise.
Ils sont armés.

FLAMINIUS.

Eh bien! dans une heure, au signal,
Qu'au palais vos guerriers enferment Annibal:
Moi, j'y conduis les miens par la porte secrète;
Les autres au dehors lui ferment la retraite.

ARBATE.

Le prince vient. Je sors, et vais chercher le roi.

SCÈNE VIII.

FLAMINIUS, NICOMEDE.

NICOMEDE.

J'ai pu vous offenser alors que devant moi
Vous menaciez mon père, et quand plus fiers encore
Vos discours outrageaient un héros que j'honore:
Oui, j'ai pu vous blesser d'un mot injurieux;
J'ai pour lui le respect que l'on a pour les dieux.
Mais, parlez; est-il vrai que vous voulez encore
Attendre dans Prusa le retour de l'aurore?

FLAMINIUS.

Je ne dois m'expliquer, prince, qu'avec le roi.

NICOMEDE.

Le roi garde Annibal; et....

FLAMINIUS.

Prince!

NICOMEDE.

Écoutez-moi.

Vous voulez, et ce soin près de nous vous arrête,
L'offrir vivant à Rome, ou lui porter sa tête.
Mais sachez que moi-même, excitant les soldats,
Je saurai vous contraindre à quitter nos états:
Croyez-vous que j'hésite, et que ma main oisive...?

FLAMINIUS.

Eh! qu'importe au sénat qu'Annibal meure ou vive?
Rome chez Prusias peut le voir sans regret.

NICOMEDE.

Si Rome en cette cour le voit sans intérêt,
D'un départ différé dites-nous donc la cause?

FLAMINIUS.

C'est le péril certain où Prusias s'expose.
Je reviendrais peut-être, et le fer à la main.

NICOMEDE.

Nous vous épargnerions la moitié du chemin.

FLAMINIUS.

Ainsi que vous Syphax eut un orgueil funeste;
Au char de Scipion il parut plus modeste.

NICOMEDE.

De tels affronts un jour on peut se souvenir:
Que Rome songe à vaincre.

FLAMINIUS.

Elle songe à punir.

NICOMEDE, portant la main à son épée.

Traître!...

SCÈNE IX.

PRUSIAS, FLAMINIUS, NICOMEDE.

PRUSIAS.

Un ambassadeur! Apprenez que la terre
Révéra de tout temps ce sacré caractère;.
Sortez, prince.

NICOMEDE.

Un Romain ainsi m'est préféré!
Vous étiez ce matin, seigneur, mieux inspiré
Lorsque de nos succès votre ame enorgueillie....

PRUSIAS.

Nicomede! à quel point votre audace s'oublie!
Je suis roi; songez-y.

NICOMEDE.

Seigneur, plutôt qu'à moi
Rappelez aux Romains que Prusias est roi.
(à part.)
Ah! soulevons l'armée; et, prompt à le défendre,
Pour sauver Annibal osons tout entreprendre.

SCÈNE X.

FLAMINIUS, PRUSIAS.

FLAMINIUS.

Je vois avec regret qu'un fils trop emporté
Vous ait réduit vous-même à punir sa fierté,
Nous devons vous et moi pardonner cet outrage;

De perfides conseils égarent son jeune âge.
Je sais donc le projet qu'Annibal a conçu.
Comme ennemi de Rome en votre cour reçu....

PRUSIAS.

Je n'ai vu qu'Annibal errant et misérable.
Grands dieux! brisez des rois le sceptre inexorable;
Eux-mêmes frappez-les sur leur trône odieux,
S'il faut que le malheur soit un crime à leurs yeux.

FLAMINIUS.

Livrez-nous Annibal, seigneur : c'est notre ôtage.
Rome est pour le haïr d'accord avec Carthage.
Notre reconnaissance....

PRUSIAS.

O ciel! vous le livrer!
Aux yeux de l'univers, moi, me déshonorer!

FLAMINIUS.

Eh! quels rois oseront le penser ou le dire?
Flatter Rome est le but où chaque prince aspire;
De plaire à son sénat on se fait un devoir;
Tout vient de lui, les biens, les honneurs, le pouvoir;
Sa seule volonté fait celle de la terre.
Si Rome obtient de vous le gage qu'elle espère,
Vous obtiendrez tout d'elle; oui, tout : songez-y bien.
Que voulez-vous? le Pont? la Cappadoce?

PRUSIAS.

Rien.

FLAMINIUS.

Rome les donnera, seigneur, à d'autres princes;
Des voisins dangereux obtiendront ces provinces.

PRUSIAS.

Que Rome enfin pardonne à ce noble ennemi :
Hélas! c'est un vieillard, mon hôte, mon ami;
Quel fruit espérez-vous, quel honneur, de sa chûte?
Voyez depuis quel temps le sort le persécute;
Ah! le malheur empreint sur son front révéré,
Même aux yeux d'un Romain doit le rendre sacré.

FLAMINIUS.

Tandis que votre voix pour lui me sollicite,
Savez-vous les projets que le prince médite?
Ce n'est pas seulement d'attaquer les Romains;
Votre fils m'a lui-même instruit de vos desseins;
Il vous trahit, poussé par un guerrier perfide.
Prusias à leurs yeux n'est qu'un prince timide;
Ils vont à la révolte exciter vos soldats;
Contre moi, contre vous....

PRUSIAS.

Non : je ne le crois pas.

FLAMINIUS.

Entendez-vous ces cris?

PRUSIAS.

Il se pourrait!

SCÈNE XI.

FLAMINIUS, PRUSIAS, ARBATE.

PRUSIAS.

Arbate!

Quel est donc ce tumulte?

ARBATE.

Une révolte éclate.

PRUSIAS.

Une révolte, ô ciel! et quel en est l'auteur?

ARBATE.

Je l'accuse à regret, c'est votre fils, seigneur.
Lui-même à haute voix il excite l'armée
Des périls d'Annibal faussement alarmée.
Leurs cris insultent Rome. Ah! seigneur, paraissez:
Sauvez l'ambassadeur, ses jours sont menacés.
A la soumission puissiez-vous les contraindre!
Je l'avais trop prévu.

PRUSIAS, à Flaminius.

Vous n'avez rien à craindre.
Ma cour est un asyle où le pouvoir royal
Vous fera respecter aussi-bien qu'Annibal.

(à Arbate.)

Viens; fais marcher la garde.

FLAMINIUS.

(bas à Arbatc.)

Ah! dans cet instant même,
Irritez en un roi l'orgueil du rang suprême.

SCÈNE XII.

FLAMINIUS.

Dois-je donc t'annoncer, Rome, que dans ton sein
Annibal sur mes pas vient, la flamme à la main ;
Et, de mes ennemis devenu la risée,
Voir de nos citoyens ma gloire méprisée?
Ah dieux! moi, fléchir! non; quelque soit le danger,
Un Romain à la crainte est toujours étranger.
On vient. C'est Annibal. Quel orgueil! il s'avance,
Et semble d'un monarque affecter la puissance.
Quel respect il commande à ses guerriers soumis!
Je reconnais ce chef qui, même à ses amis,
Jadis aux champs de Canne, après notre défaite,
Ne daignait plus parler que par un interprète.

SCÈNE XIII.

ANNIBAL, FLAMINIUS.

ANNIBAL.

Si le roi, pour payer l'amitié des Romains,
Eût d'un Carthaginois mis la tête en vos mains,
Un Romain avec joie en eût fait sa conquête.
Maintenant nos soldats demandent votre tête.
Pour la mettre en leurs mains (vous entendez leur voix),
Un signe suffirait à ce Carthaginois,
Et le Romain n'aurait que le sort qu'il mérite.
Ne craignez rien; je viens assurer votre fuite.

FLAMINIUS.

Quel affront!

ANNIBAL.

Apprenez que de vils assassins
Pourront bien de leur sang expier leurs desseins.
Mais suivez ces soldats : je contiendrai l'armée.
Tandis que par mes soins elle sera calmée,
Ils vous escorteront jusques à vos vaisseaux;
Et profitez des vents pour voguer sur les eaux :
Rentrez dans Rome enfin; fuyez, vous êtes libre.
Nous pourrons nous revoir sur les rives du Tibre.

(Annibal sort.)

FLAMINIUS.

Au cœur de Prusias j'ai semé quelque effroi ;
Arbate en ses soupçons entretiendra le roi.
Il me sert : je saurai, laissant calmer l'orage,
Pour surprendre Annibal, redescendre au rivage.

FIN DU SECOND ACTE.

ACTE III.

SCÈNE PREMIÈRE.

NICOMEDE, ANNIBAL.

(Nicomede est d'abord seul ; Annibal paraît au fond du théâtre, et s'approche par degrés.)

NICOMEDE.

Je croyais le servir, et c'est moi qui le perds!
Le roi, le roi trompé par un sujet pervers,
D'un lâche ambassadeur le complice exécrable,
Croit que de la révolte Annibal est coupable!
Je n'étais qu'imprudent, ils me font criminel.
Et que faire? On m'observe. Annibal, juste ciel!
Lui! d'un reproche infâme endurer les outrages!
Il ira loin de moi chercher d'autres rivages.
A quels périls nouveaux va-t-il encor s'offrir?
Quels maux il a soufferts! quels maux il va souffrir!
Exilé de l'Europe et presque de l'Asie;
Seul contre Rome. Hélas! armés contre sa vie

D'ingrats concitoyens, en maudissant son nom,
Jusqu'en ses fondements ont détruit sa maison,
L'ont proscrit, ont gardé sa famille en ôtage;
Ils ont pillé ses champs, paternel héritage,
Même ses vêtements, et, mettant tout à prix,
Dans la place publique ont vendu ses débris:
Et lui, quels sont ses vœux? Carthage en vain l'offense,
Sauver Carthage ingrate est sa seule vengeance.
Grands dieux! voyez enfin d'un regard d'équité
Un grand homme luttant contre l'adversité.

ANNIBAL.

Cher prince! et quel est donc ce grand sujet d'alarmes?
Répondez.

NICOMEDE.

Ah! mon père, insensible à mes larmes,
Vous accuse...

ANNIBAL.

De quoi?

NICOMEDE.

De la sédition,
Qui, si l'on croit Arbate, est faite en votre nom.
De ce prétexte indigne on saisit l'apparence.

ANNIBAL.

Il est las du fardeau de la reconnaissance.
Eh bien! qu'il se condamne à souffrir des mépris;

Qu'il serve : c'est vous seul, vous que je plains, mon fils,
Digne de plus de gloire, et d'une autre fortune.
Des princes que j'ai vus l'ame faible et commune
Toujours au nom de Rome a tremblé devant moi;
Je n'ai que dans vous seul trouvé l'ame d'un roi.
Je pars. Si l'univers brigue un lâche esclavage,
Je mourrai libre.

NICOMEDE.

Et moi, de Rome indigne ôtage,
Sans guide, sans espoir, et la mort dans le sein,
Seul, pleurant Annibal, je verrai ce Romain
Qui pour me consoler, viendra m'offrir peut-être
Un sceptre criminel, teint du sang de mon maître.
Dieux!

ANNIBAL.

Où donc est ce cœur dans les maux affermi?
Quoi! vous pleurez!

NICOMEDE.

Ma faute a perdu mon ami;
Et vous vous étonnez que je verse des larmes!

ANNIBAL.

Tant d'amitié pour moi n'est pas sans quelques charmes.
Tu m'as fait retrouver, mon fils, dans nos adieux,
Des pleurs depuis long-temps inconnus à mes yeux.

(Nicomede est dans les bras d'Annibal.)

4.

Ainsi j'étais pressé dans les bras de mon père.
Mon ame qu'ont flétrie et les ans et la guerre
Pour les maux des humains sentait peu de pitié,
Même pour mes malheurs : mais ta tendre amitié,
Quand ce cœur est aigri d'une sanglante injure,
Par un charme nouveau vient calmer ma blessure.

NICOMEDE.

Tandis que nos soldats ne cèdent qu'à regret,
Et par vous appaisés vous blâment en secret,
La garde du palais vous observe peut-être.
Je crains Flaminius, oui, je crains que ce traître,
Aidé d'Arbate, ici ne vous vienne accabler.

ANNIBAL.

Ah! ne craignez rien d'eux, ils doivent seuls trembler.
Cher prince, de mon sort laissez-moi la conduite.

NICOMEDE.

Mais, s'ils vous attaquaient, quel recours, quelle fuite...?

ANNIBAL.

Je me fie à vous seul ; redoutant à-la-fois
Et la haine de Rome et la faveur des rois,
Je voulus, une nuit, sous leurs plus sombres voûtes,
Des tours de ce palais sonder les longues routes:
J'observais tout : je crus m'apercevoir enfin
Qu'un mur pouvait fermer un conduit souterrain ;
Il s'ouvrit sous le fer ; et bientôt, avec joie,

Je vis se prolonger une secrète voie
Dont l'oblique détour conduisait vers le port.
Annibal est toujours le maître de son sort.

SCÈNE II.

ANNIBAL, NICOMEDE, ARCAS.

ARCAS, à Annibal.

Le roi vient vous parler.

NICOMEDE.

Arcas, surveille un traître
Qui d'Annibal surpris s'emparerait peut-être.

ARCAS, à Nicomede.

Il faut vous séparer : le roi l'ordonne.

NICOMEDE.

Arcas,
Je te devrai la vie.

ANNIBAL.

Adieu, cher prince.

NICOMEDE.

Hélas!
Tout m'est suspect; je crains un complot homicide,
Le roi même.

ANNIBAL.

Ah! son cœur est faible, et non perfide.

NICOMEDE.

C'est moi seul qui vous perds.

ANNIBAL.

Non ; croyez-moi, mon fils ;
Ce n'est point vous, c'est Rome, et les dieux ennemis.

NICOMEDE.

Vous me quittez !

ANNIBAL.

Je vais, au risque de ma vie,
Dans ses propres remparts défendre ma patrie ;
Puis-je ici la servir ? ses enfants exilés
Sans doute dans son sein vont être rappelés ;
Rome a juré, dit-on, de détruire Carthage :
Le temps me permet-il de tarder davantage ?

(Il ôte son casque.)

Voyez ces cheveux blancs ; elle est près de périr :
Je pars ; de moi, cher prince, apprenez à souffrir.

NICOMEDE.

Tout l'opprime, les siens, Rome, et moi : son courage
S'affermit sous le faix du malheur et de l'âge.

ANNIBAL.

Dans tes nobles travaux, ô mon dernier appui,
Sois semblable à ton maître, et plus heureux que lui !

SCÈNE III.

PRUSIAS, ANNIBAL, NICOMEDE, ARCAS, GARDES.

PRUSIAS, à Nicomede.

Sortez.

NICOMEDE.

Seigneur.

PRUSIAS.

Sortez, vous dis-je, téméraire !

(Nicomede sort suivi de soldats.)

Ciel ! un fils criminel veut détrôner son père !
Répondez-m'en, Arcas : qu'on l'enferme à la tour ;
Et qu'on double la garde : ayez soin qu'en ce jour
Le prince surveillé n'entretienne personne :
Arcas, exécutez l'ordre que je vous donne.

SCÈNE IV.

ANNIBAL, PRUSIAS.

PRUSIAS.

J'ai dû punir mon fils. Coupable envers son roi,
Et de votre nom même abusant contre moi,
Pour servir vos projets, il soulève l'armée :
J'apprends que votre exemple et vos soins l'ont calmée ;

Et vous blâmez, je crois, de pareils attentats.
Mais, d'un esprit tranquille, écoutez Prusias:
Il respecte un destin aussi grand que le vôtre;
Et vous fait un aveu qu'un monarque à tout autre
Sous des raisons d'état aurait su déguiser.
Oui, devant Annibal un roi vient s'accuser.

ANNIBAL.

S'accuser! Non, seigneur. Rome seule est coupable;
Rome qui veut toujours, perfide, insatiable,
Sous des prétextes vains tyranniser les rois,
Et jusqu'en leur palais leur imposer des lois.
Par vous, seigneur, par vous Rome était menacée.
Est-ce à vous d'oublier cette haute pensée?

PRUSIAS.

Ah! plus de guerre enfin: goûtez, goûtez la paix
Que l'amitié d'un roi vous offre en ce palais:
Dans cet âge où pour nous le repos a des charmes
Pourquoi chercher la mort, tandis que, sans alarmes,
Libre enfin des dangers où vous voulez courir...

ANNIBAL.

Il ne m'importe point de vivre ou de mourir;
Il m'importe de vivre et mourir avec gloire.
Moi! chercher le repos! moi! pouvez-vous donc croire
Que sous le poids des ans je languisse énervé?
Fils du grand Amilcar, dans sa tente élevé,

Le travail des soldats avait pour moi des charmes;
La terre était mon lit; jour et nuit sous les armes,
Dompter la soif, dormir couvert d'un bouclier,
Dresser pour les combats le plus fougueux coursier,
Le front nu, défier et la foudre et l'orage,
Gravir les monts, franchir les fleuves à la nage;
Tels ont été mes jeux, mes plaisirs, mes travaux;
Et la guerre pour moi, seigneur, est un repos.
Je devais, par votre ordre, attaquer l'Italie.
N'accomplirez-vous point le serment qui vous lie?
J'oublie, en ce moment, de donner à ma voix
Le ton des courtisans qui parlent à des rois;
Des camps où j'ai vécu j'ai pris l'accent sévère.
Mais, seigneur, des bienfaits d'un roi que je révère
Je sens le prix : mon cœur ne peut les oublier :
Je souffrirais sur-tout de voir humilier
Un guerrier généreux dont l'ame peu commune
D'Annibal exilé releva la fortune.

PRUSIAS.

Mais d'un fils indiscret le zèle factieux
A de Rome irritée ouvert sur moi les yeux.
Parlez; de la surprendre avons-nous l'espérance?
Quel roi peut avec nous tenter une alliance?
Annibal, que la paix ait pour vous des appas;
Rome vous laisse enfin libre dans mes états;

Vous trouvez dans ma cour un sûr et noble asyle.

ANNIBAL.

Quoi! cet ambassadeur qui veut que l'on m'exile!...
Il vous trompe, seigneur.

PRUSIAS.

Non. Veuillez m'écouter :
On voulait vous bannir, et j'ai su résister.
Rien ne troublera plus votre vie inquiète,
Si du royaume heureux qui vous sert de retraite
Vous faites le serment de ne jamais sortir ;
J'ai pensé qu'un héros voudrait y consentir :
Rome, à ce prix, permet que dans la Bithynie
Annibal, plein de gloire, achève en paix sa vie.

ANNIBAL.

Ainsi, sans mon aveu, vous disposez de moi.

PRUSIAS.

Tout est changé. Cédez aux prières d'un roi.

ANNIBAL.

A mes serments, seigneur, mon ame est enchaînée.
Mon père (alors j'entrais dans ma dixième année)
Au temple de Junon sacrifiait un jour :
J'y servais les autels : Quitte enfin ce séjour,
Viens dans les camps, dit-il : soudain son œil s'anime ;
Et me prenant la main : Jure sur la victime
Que de Rome à jamais tu seras l'ennemi!

Je l'ai juré : toujours dans mon ame affermi,
Ce serment m'a lui seul chassé de ma patrie,
A traîné ma vieillesse au fond de la Syrie,
M'a conduit suppliant jusqu'en votre palais;
Je suis haï de Rome autant que je la hais.
J'en atteste les dieux, et les mânes d'un père;
J'irai chercher, seigneur, aux bornes de la terre
Des rois qui d'un œil fixe osent voir les Romains;
Et s'ils trahissent tous mes généreux desseins,
J'aurai vécu fidèle au serment qui m'enchaîne;
Et mon dernier soupir exhalera ma haine.

PRUSIAS.

Et voilà les fureurs qui d'un fils trop ardent
Exaltent tous les jours l'esprit indépendant!
Aussi, vous le voyez, mon fils, trop irritable,
A vos vœux en ce jour prête un appui coupable.
Le prince est las du joug : pour lui rien n'est sacré;
Par des soldats son trône est déja préparé;
Mais ses nouveaux sujets verront, dans la journée,
Tomber au milieu d'eux sa tête couronnée.
Annibal, m'a-t-on dit, l'excite contre moi.

ANNIBAL.

S'il était vrai, seigneur, votre fils serait roi.
A qui m'ose imputer des actions si noires
J'oppose des témoins.

PRUSIAS.

Qui sont-ils?

ANNIBAL.

Mes victoires.

PRUSIAS.

Sans doute, et Prusias ne l'a point oublié.
J'ai fait parler en vain la voix de l'amitié;
Votre ame ne connaît qu'une haine implacable:
Je vais parler en roi. L'ordre est irrévocable.
Avec Rome, à-présent, je prétends vivre en paix:
Qu'Annibal y consente, il peut en mon palais
Compter sur mes égards et ma reconnaissance.
S'il veut chez d'autres rois porter son espérance,
Mes trésors sont ouverts; qu'il parle; des soldats
Aux lieux qu'il doit choisir assureront ses pas.
Délibérez.

SCÈNE V.

ANNIBAL.

Je sers, je venge un roi parjure;
Et ce roi me trahit par une lâche injure!
Terre, soleil, et toi, si tes sacrés autels,
Bélus, ont vu ma mère, oubliant les mortels,
T'implorer, nuit et jour, pour sa chère patrie;

Vous tous, dieux de Carthage, et dieux de la Syrie,
De l'hospitalité prêt à blesser la loi,
Annibal vous atteste, et dégage sa foi!
Le Styx verrait-il donc sur sa rive sévère
Annibal dégradé s'asseoir loin de son père?
Non : je venge un affront. Dois-je encore une fois
Par mes vœux contre Rome épouvantant les rois,
D'un nom long-temps fameux prostituer la gloire?
Et, de mes longs travaux leur rappelant l'histoire,
Aller, vil courtisan, au retour du soleil,
D'un indolent monarque attendre le réveil?
Je ne veux plus des rois essuyer le caprice.
Il faut que mon destin aujourd'hui s'accomplisse.
Un chemin m'est ouvert; sauvons le prince... O dieux!
Au moindre avis, le prince, immolé sous mes yeux...!
Irai-je donc, pour prix d'une amitié fidèle,
Marquer cette victime à la main paternelle?
Je pourrais... Qui m'arrête? Ah! l'âge et le malheur
Sous le nom de prudence excusent leur lenteur.
Quoi! lorsqu'il faut agir, c'est moi qui délibère!
Sors des camps, Annibal, et renonce à la guerre.
Fabius, Scipion, reposent au tombeau;
Et toi, tu veux, des ans oubliant le fardeau,
Fonder sur un plan vaste une longue espérance.
Ton frère est mort. Du jour où Néron sur sa lance

Fit jeter dans ton camp la tête d'Asdrubal,
Tu l'as dit; plus d'espoir. Annibal, Annibal!
Tu ne reverras plus la terre d'Italie!

SCÈNE VI.

ANNIBAL, HIARBAS.

HIARBAS.

Par-tout la place au loin de Romains est remplie.

ANNIBAL.

Eh bien!...

HIARBAS.

Ils sont armés. Traversez le palais.
Ils approchent!

ANNIBAL.

Prenons des chemins plus secrets,
Viens.

HIARBAS.

Ciel! Flaminius est suivi d'une escorte;
Du souterrain lui-même il ébranlait la porte.

ANNIBAL.

Et le prince?

HIARBAS.

Il est libre; et, secondé d'Arcas,

Sur le port qu'il occupe il range ses soldats;
Le roi, hors du palais, contre un fils qu'il redoute
A fait marcher sa garde, et l'on combat sans doute.
Mais Arbate en ses plans seconde ce Romain.
Hâtons-nous; affermis sur la porte d'airain,
Deux robustes leviers quelque temps la défendent;
Traversez le palais.

ANNIBAL.

Non; c'est-là qu'ils m'attendent.

HIARBAS.

Venez.

ANNIBAL.

Il n'est plus temps : renonce à tout espoir.
Puis-je compter sur toi; feras-tu ton devoir?

HIARBAS.

A vos ordres toujours Hiarbas fut fidèle.

ANNIBAL.

Prépare le poison que cet anneau recèle.

(Hiarbas sort.)

Délivrons les Romains de leur longue terreur.
Que leurs mœurs ont changé! D'un lâche empoisonneur
Fabricius jadis sauva le roi d'Épire;
Et, pâlissant d'effroi tant qu'un vieillard respire,
Le sénat des Romains, aujourd'hui sans pudeur,
Du rôle d'assassin charge un ambassadeur!

(Hiarbas rentre.)

Donne, il est temps.

HIARBAS.

Le sort peut, contre notre attente...

ANNIBAL.

N'est-ce donc pas assez que ma tête sanglante,
Déja promise à Rome, aille, sur ses remparts,
D'un peuple curieux repaître les regards ?
Tu veux, cruel, tu veux que Rome, ivre de joie,
Tienne Annibal vivant, qu'elle insulte à sa proie ;
Et que dans ses cachots, d'affronts rassasié,
J'obtienne enfin la mort d'un moment de pitié !
J'entends Flaminius ; c'est lui... Le poison !... Donne !...
Un ami t'en conjure ; Annibal te l'ordonne.

HIARBAS.

J'obéis à regret.

ANNIBAL.

Je le tiens dans mes mains.
Grace au ciel, je meurs libre ; et j'échappe aux Romains.

(Il s'assied, et prend le poison.)

Je succombe, trahi par un indigne outrage.
Hiarbas, va l'apprendre à l'ingrate Carthage :
Mais, avant de quitter ce rivage odieux,
Prononce sur mon corps les funèbres adieux.

HIARBAS.

Tombe sur Prusias la peine de son crime !

(Il s'approche avec respect.)

Salut, et pour jamais adieu, noble victime;
Adieu, grand Annibal, la terreur des Romains!

ANNIBAL.

C'en est fait : laisse-moi terminer mes destins.

(Hiarbas s'éloigne.)

Rome! Annibal mourant te livre enfin la terre.
Puissent bientôt tes fils, sous un joug volontaire,
Dégradés par le luxe et par la volupté,
Sans trouver le repos, perdre la liberté :
Puissent-ils voir les lois se taire sur les crimes;
Vils bourréaux, à leur tour tomber lâches victimes;
Et, dans ton propre sein plongeant l'acier fatal,
Surpasser et la haine et les vœux d'Annibal!

HIARBAS.

Flaminius s'approche, et sa coupable audace...

ANNIBAL.

Flaminius s'approche! ô ciel! je te rends grace.
Je puis en expirant immoler un Romain.

(Il met son casque, et prend son épée.)

ANNIBAL.

SCÈNE VII.

ANNIBAL, HIARBAS, ROMAINS.

(Les Romains entrent, se saisissent d'Hiarbas, et s'approchent d'Annibal.)

ANNIBAL.

Avancez!

(Les Romains s'écartent, et présentent tous leur pique, sans oser avancer sur Annibal, qui retombe assis.)

Dieux! ce glaive échappe de ma main.

SCÈNE VIII.

ANNIBAL, NICOMEDE, FLAMINIUS, ARCAS, HIARBAS, SOLDATS.

NICOMEDE, suivi de ses guerriers, et poursuivant Flaminius.

Tu voudrais fuir en vain. Enchaînez le perfide,
Soldats! et de son sort qu'Annibal seul décide.

(marchant vers Annibal.)

Commandez-nous; vous suivre est pour nous un honneur;
Oui, mon père y consent... Quelle horrible pâleur!
Dieux! je vois de la mort les approches certaines!
Hiarbas!

HIARBAS.

Le poison a coulé dans ses veines;

Craignant les fers...

NICOMEDE.

Ainsi tu viens, lâche Romain,
Porter sur Annibal ta sacrilége main!
Quelle rage!

FLAMINIUS.

J'ai fait ce que m'ordonnait Rome.

NICOMEDE.

Rome!... Égorgez le traître aux pieds de ce grand homme,
Soldats.

ANNIBAL.

Laissez en paix ce Romain abhorré
Traîner dans sa patrie un nom deshonoré;
Qu'il aille à son sénat se vanter de son crime,
Prince; je ne veux point d'une telle victime.

NICOMEDE.

Sors.

FLAMINIUS.

Rome punira...

NICOMEDE, avec attendrissement.

Regarde ce héros.

(avec fureur.)
Sors; ou ton sang teindrait la hache des bourreaux.
Que l'on saisisse Arbate, et que de son complice
Ce Romain en partant voie au moins le supplice.

(Flaminius sort.)

5.

ANNIBAL.

Il ne m'aura point vu succomber sous ses yeux.
Je meurs : braves soldats, recevez mes adieux.
 Approchez, Nicomede; et prenez cette épée
Qui du sang des Romains fut tant de fois trempée.
Puisse encor ce présent à Rome être fatal!
Je la tiens d'Amilcar; tenez-la d'Annibal.

FIN.

NOTES.

NOTES.

Page 4, v. 12.

Il en est temps, seigneur; de Rome qui s'avance...

Dans plusieurs langues modernes, et par l'effet des préjugés que la féodalité avait produits, et que nos mœurs ont conservés, nous sommes habitués à donner aux personnages éminents qui figurent dans les tragédies l'appellation de *Seigneur*. J'ai pensé qu'un pareil titre pouvait, sans inconvénient, être donné à un roi d'une partie de l'Asie, mais qu'Annibal et Flaminius, tous deux citoyens d'une république, n'ont pas dû se servir l'un envers l'autre de cette formule honorifique.

Page 5, v. 20.

Avide ravisseur des images des dieux.

Prusias, ayant pris Pergame, emporta sur ses épaules une petite statue d'Esculape, regardée comme le chef-d'œuvre de Philomaque. Elle était probablement d'or, ou plutôt enrichie de pierreries. Ce prince offrait un singulier mélange d'audace et de bassesse d'ame. Il avait donné des preuves de courage, en faisant affranchir les Rhodiens du tribut qu'ils payaient à Bysance, et il rem-

porta, près d'Arisbe, sur des Gaulois qu'Attale avait fait
venir en Asie, une victoire que Polybe appelle mémo-
rable. Ensuite ce roi étonna les Romains par sa bassesse,
lorsqu'il parut à la porte du sénat, la tête rase et avec
le bonnet d'affranchi, saluant chaque sénateur. « Vous
voyez un de vos affranchis », leur disait-il. Mais, peu de
temps après, il fit plusieurs outrages aux députés que
Rome lui envoyait, et il enferma dans Pergame P.
Lentulus, et L. Hortensius.

Page 8, v. 16.

De ces remparts flottants traînent la lourde masse.
Et cependant, de l'onde effleurant la surface, etc.

Cicéron a peint admirablement, dans ses Verrines [1],
la sortie de Cléomène du port de Pachynum : « Evolarat
« jam e conspectu ferè fugiens quadriremis, quum etiam
« tunc ceteræ naves suo in loco moliebantur. » Quelle
rapidité dans *evolarat!* Et ne croit-on pas, dans cet
ïambe *ferè*, suivi de l'anapeste *fugiens*, entendre le bat-
tement des ailes ou des rames; tandis que la lenteur et
presque l'immobilité des autres vaisseaux sont si admirablement peintes par l'imposant *moliebantur.* Voltaire,
dans la préface de sa tragédie de Catilina, a prouvé que
le grand orateur romain, qui avait traduit en vers les
Phénomènes d'Aratus, et composé un poëme sur Marius,
était très-bon poëte : il a cité les beaux vers de la comparaison de l'aigle et du serpent, que Cicéron ainsi que

---

(1) Cic. in Verr. Actio II, lib. V, cap. 34.

Virgile ont imitée d'Homère, comparaison plutôt imitée
que traduite de Cicéron par Voltaire, qui, à mon avis,
dans ce morceau, est supérieur à tous.

Cornelius Nepos rapporte qu'Annibal fit jeter sur les
vaisseaux d'Eumène des vases de terre, remplis de ser-
pents. Polybe et Tite-Live n'en disent rien. L'auteur de
la vie d'Annibal, insérée dans les éditions soit latines soit
françaises des OEuvres de Plutarque, s'exprime ainsi; je
cite la traduction de Charles de Lécluse : « Or que la
« chose se soit faite en telle manière, les plus vieilles
« chroniques n'en font pas mention, mais seulement
« Æmylius et Trogus. »

Comme la vie d'Annibal ne se trouve pas dans le texte
de Plutarque, et que le passage que je viens de citer
m'a paru mériter quelque attention, j'ai voulu savoir
quel était le véritable auteur de cette vie d'Annibal. Le
dernier éditeur des OEuvres de Plutarque, traduites par
Amyot, M. Clavier, ne dit rien à ce sujet. Voici ce que
dit Fabricius, dans sa *Bibliothèque grecque* [1] : « Annibalis
« et Scipionis Africani vitæ quæ in antiquis latinis editio-
« nibus Plutarchi exstant, a Donato Acciajolo compositæ,
« non, ut fingit titulus, e græco versæ sunt. » En effet,
quelques savants, et, entre autres, Chr. Hendreich, qui
a écrit sur les Carthaginois, auront cru que l'exemplaire
grec de Plutarque qu'ils consultaient, pouvait être in-
complet; ils y ont été trompés. Dans l'article Acciajuoli
(Biographie universelle), M. Ginguené, dont les lettres

(1) Tom. III, p. 347.

déplorent vivement la perte récente, s'exprime ainsi :
« Comme on croit que Plutarque n'a point écrit la vie
« d'Annibal et de Scipion, on pense qu'Acciajuoli n'en est
« point le traducteur, mais l'auteur. « Quoique Fabricius
s'exprimât plus positivement encore que M. Ginguené,
je me figurais qu'ils pouvaient être dans l'erreur, et je
soupçonnais, par le passage de la vie d'Annibal, cité plus
haut, que l'auteur avait vécu avant Donat Acciajuoli, né
en 1428. Je voulus vérifier ce passage dans les premières
éditions des vies parallèles de Plutarque, publiées en
latin trente ans avant de l'être en grec. Dans diverses
éditions, je le trouvai absolument dans ces mêmes termes :
*Ejus autem sic gestæ rei non vetustiores Annales, sed
Emilius et Trogus meminerunt :* et je conservais toujours
mon opinion. Je fus obligé de me rendre à l'évidence,
quand je lus, en tête de la vie d'Annibal, dans l'édition
imprimée par Mentelin, en 1470 ou 1471, ce passage
de l'épître dédicatoire adressée par Donat Acciajuoli à
Pierre (de Médicis) : « Animadverti te ex clarorum ho-
« minum memoria non mediocrem voluptatem capere.
« Itaque me domum recipiens constitui animo duorum
« præstantissimorum ducum SCIPIONIS ET ANNIBALIS GESTA,
« QUÆ EX VARIIS AUCTORIBUS TUM GRÆCIS TUM LATINIS
« COLLEGERAM, PRÆSENTI VOLUMINE COMPLECTI, idque si-
« cut alias lucubrationes meas nomini tuo dicare. »

Ce qui m'avait fait conjecturer que la vie d'Annibal
avait été écrite avant le milieu du XVe siècle, c'est le
passage déja cité d'Acciajuoli, homme aussi modeste,
aussi instruit, qu'il était vertueux citoyen. « Ejus autem

« sic gestæ rei non vetustiores Annales, sed Emilius et
« Trogus meminerunt. » Il me semble d'abord évident
que cet *Emilius* est Cornelius Nepos, dont l'ouvrage fut
imprimé pour la première fois à Venise, en 1471, sous
le nom d'Æmilius Probus, et que des auteurs citent sous
le nom de *Probus*. Quant à Trogus, est-ce d'un véritable manuscrit de Trogue Pompée que parle Acciajuoli,
ou seulement d'un manuscrit de Justin, qui, un siècle
après Trogue Pompée, abrégea l'ouvrage de cet auteur?
Ce dernier sentiment paraît plus probable. Quoi qu'il
en soit, Trogue Pompée lui-même vivait, ainsi que Cornelius Nepos, du temps de César et d'Auguste. Quels
étaient donc les auteurs plus anciens, soit grecs, soit
latins, que Donat Acciajuoli avait consultés? Il me
semble que, si l'on en excepte Polybe, il ne nous reste
pas beaucoup d'auteurs qui aient écrit sur l'histoire
Romaine, avant Cornelius Nepos et Tite-Live. Les ma-
nuscrits qui existaient encore de ces auteurs plus anciens
ont donc été perdus.

Page 11, v. 13:

Entende encor crier : Annibal est aux portes.

Annibal, dans l'intention de faire abandonner aux
Romains le siége de Capoue, ravagea toute la campagne
de Rome, et s'approcha tellement de la ville, qu'il lança
au-dedans sa pique. Pline[1] dit qu'on voyait encore de
son temps, en trois endroits, les statues d'Annibal, le

---

(1) PLIN. Hist. nat. lib. XXXIV, cap. 15.

seul ennemi de Rome qui eût lancé sa pique dans l'in-
térieur de la ville : Pline aurait dû ajouter, « depuis la
prise de Rome par les Gaulois. »

Pendant plusieurs siècles, quand les mères voulaient
faire taire leurs petits enfants, elles criaient : « *Annibal
ad portas!* Annibal est aux portes! »

Page 11, v. 20.

Devant qui trébucha la fortune romaine.

L'expression *trébucha*, quoique un peu vieillie, m'a
semblé plus énergique que celle de *chancela*, ou
s'abaissa; Corneille a plusieurs fois employé heureu-
sement cette expression; par exemple, dans la mort de
Pompée, acte Ier, scène Ire, Pompée, dit ce grand poëte,
veut que l'Égypte

> Serve à sa liberté de sépulcre ou d'appui,
> Et relève sa chûte ou trébuche avec lui.

Boileau, dans la satire IX, adressée à son Esprit, eût
pu se servir du mot *chanceler*, et son vers en eût eu
peut-être plus d'harmonie; mais il a préféré comme plus
vive et plus forte l'expression de *trébucher*.

> S'applaudir d'un ouvrage
> Où la droite raison trébuche à chaque page.

Et dans l'Art poétique

> Ce poëte orgueilleux, trébuché de si haut.

Page 14, v. 23.

Qui peut croire en effet ce qu'on a raconté
Et de sa perfidie et de sa cruauté?

Les historiens latins se sont plu à peindre Annibal sous les traits les plus odieux. Tite-Live, qui a trop souvent pris les matériaux de son histoire dans les annales mensongères du vieux Fabius Pictor, fait dire à un consul qu'Annibal apprit à ses soldats à se nourrir de chair humaine[1], *vesci humanis corporibus docendo*, tandis que Polybe dit que, dans une disette extrême, un officier de l'armée carthaginoise, nommé Annibal Monomaque, avait donné ce conseil, mais qu'Annibal le repoussa. Quant à la perfidie d'Annibal, Tite-Live en rapporte plusieurs traits dont Polybe ne dit pas un mot; je citerais entre autres ce conte des cinq cents Numides qu'Annibal engagea à se rendre aux Romains pendant la bataille de Cannes, comme transfuges, avec l'ordre d'attaquer les Romains par derrière, et de leur couper les jarrets.

Il ne nous reste rien de l'ouvrage de Sosilus, ce Lacédémonien qui avait enseigné la langue grecque à Annibal, et qui avait écrit l'histoire de ses guerres : mais la perte de cette histoire n'est pas beaucoup à regretter, d'après ce qu'en dit Polybe[2], qui traite l'auteur avec assez de mépris. Il n'en est pas de même de Philænus;

(1) Tit.-Liv. lib. XXIII, cap. 5.
(2) Polyb. Casaub. lib. III, p. 175.

celui-ci était très-estimé. Cicéron dit de lui[1] qu'il a écrit avec une très-grande exactitude tout ce qui concerne Annibal. *Is autem diligentissime res Annibalis persecutus est.* Je dois dire cependant que Polybe, si judicieux en général, me semble un peu injuste à l'égard de Philænus. Il dit d'abord[2] que Philænus n'est pas moins partial pour les Carthaginois que Fabius Pictor pour les Romains, et, dans la page suivante, on voit que Philænus n'est pas plus favorable aux Carthaginois qu'aux Romains. Il blâme encore Philænus[3] avec un peu d'aigreur, sur ce que cet auteur, en remontant aux causes des guerres entre Carthage et Rome, avait dit que, par un traité entre les deux nations, l'Italie entière était interdite aux Carthaginois, comme la Sicile entière l'était aux Romains, et que les Romains avaient violé ce traité.

Polybe, qui rapporte les anciens traités entre Rome et Carthage, qu'il a traduits d'après les originaux, conservés sur des tables d'airain, au temple de Jupiter Capitolin, dans les archives des édiles, décide que le traité n'a jamais existé. Quand il serait bien constant qu'on n'eût caché à Polybe aucun des traités, il me semble qu'on doit croire sur cet article Philænus autant que Polybe lui-même. Annibal, instruit des affaires par Amilcar Barcas, son père, en avait lui-même instruit Philænus, qu'il estimait au point qu'il voulut l'avoir

---

(1) Cic. de Divinat. lib. I, cap. 49.

(2) Polyb. Casaub. lib. I, p. 13.

(3) Polyb. Casaub. lib. III, p. 181.

presque toujours auprès de lui. Polybe, qui écrivait
cinquante ans après Philænus, dit au sujet du premier
traité fait entre Carthage et Rome du temps des premiers Consuls, que la langue latine avait subi de si
grands changements, que non-seulement lui, mais les
plus habiles même, avouaient qu'ils ne pouvaient bien
comprendre le texte de ce traité : Τηλικαύτη γὰρ ἡ διαφορὰ
γέγονε τῆς διαλέκτου τῆς νῦν πρὸς τὴν ἀρχαίαν [1].

Si Polybe ne pouvait pas comprendre le texte du
premier traité, cet inconvénient n'existait pas pour Philænus. Le traité fait entre les deux républiques, au
temps de l'expulsion des rois, n'était pas inintelligible
pour les Carthaginois. La langue punique était très-cer-
tainement fixée alors, puisque l'ancien Périple d'Hannon,

(1) POLYB. Casaub. lib. III, p. 177. Il n'est pas étonnant que Polybe
et les plus habiles grammairiens de son temps n'entendissent plus guères
le latin un peu étrusque de Junius Brutus et de Marcus Horatius. Quels
changements la langue latine ne devait-elle pas avoir éprouvés pendant
l'espace de deux cent cinquante ans, à en juger du moins par ceux qu'elle
éprouva dans un intervalle de cinquante à soixante ans ? changements
dont nous pouvons juger d'après l'inscription de la colonne rostrale élevée
en l'honneur de Duilius, citée et expliquée par le savant espagnol Pierre
Ciaconius (Thesaur. Antiquit. Roman. t. IV). La date de cette inscription
est de l'an 260 avant J. C., quatorze ans avant la naissance d'Ennius.
Plaute, dont Varron, cité par Quintilien, disait que, si les muses voulaient
parler latin, elles s'exprimeraient dans la langue de cet auteur, n'était né
que vingt-quatre ans après; et enfin le poëte africain, qui, prisonnier de
Scipion dans la seconde guerre punique, fit partie de la pompe triom-
phale du général dont il devait bientôt devenir l'ami, et marchait dans
le cortége avec son bonnet d'affranchi, Térence, que Cicéron et Quintilien regardent pour le style comme un modèle de grace, d'élégance et de
pureté, naquit environ cinquante-cinq ans après la date de l'inscription

cité par Aristote, Περὶ θαυμασίων ἀκουσμάτων, et qui, à mon avis, était différent non-seulement de celui qui existe actuellement, mais même de celui qui existait du temps de Pline le naturaliste et de Solin, date pour le moins de l'époque du premier traité [1]. Philænus ou Annibal ou Barcas ne pouvaient-ils donc pas avoir lu, dans les archives de Carthage, ce traité écrit en langue punique?

Qu'y aurait-il donc de si extraordinaire que les Romains eussent violé un premier traité au sujet de la Sicile? N'ont-ils pas encore violé depuis le traité fait par Lutatius avec Amilcar Barcas, le père d'Annibal, traité dont tous les articles avaient été si opiniâtrément débattus, que Lutatius craignit d'irriter Amilcar. Le sénat

retrouvée par Gruter dans un ms. de la Bibl. palat., et dont je vais citer quelques expressions.

COLONNE ROSTRALE.	EXPLICATION.
Bilios,	Duilius.
Lucaes bovebos,	Lucanis bobus.
Curom.... resmecos,	Currum.... remiges.
Heptemresmom,	Septiremem.
Artisumad obsedeoned,	Arctissimâ obsidione.
Expociont,	Effugiunt.
Olorum en marid,	Illorum in mari.
Pucnandod vicet,	Pugnando vicit.
Oinom ploerumei [*],	Unum plurimi.

(1) M. Gosselin fait remonter l'époque du Périple d'Hannon jusqu'au temps de Salomon et d'Homère, et établit fort ingénieusement son système.

(*) Cette dernière citation est tirée de l'inscription faite l'année suivante en l'honneur de Cornelius, qui vainquit Hannon dans la Sardaigne.

eut l'indignité de casser ce traité, sous le prétexte que Lutatius l'avait conclu sans l'autorité du peuple romain. Polybe, quoique en général il paraisse favorable aux Romains, n'en convient-il pas? Ne dit-il pas encore, au sujet de la Sardaigne, que ce fut contre la foi des traités que Rome força les Carthaginois de sortir de la Sardaigne? Et dans quel temps? lorsque Carthage était près de succomber sous les armes des rebelles de l'Afrique. Ce n'était pas ainsi que les Carthaginois s'étaient conduits dans le temps de la guerre de Pyrrhus contre Rome. Ils étaient venus offrir aux Romains un grand nombre de vaisseaux, avant même que ceux-ci en eussent fait la demande. Certes la haine d'Amilcar et d'Annibal était bien fondée. Si on parle de la foi punique, c'est que les Romains ont été les vainqueurs; si les Carthaginois eussent triomphé, et si les ouvrages de leurs écrivains fussent restés, la foi romaine aurait pu passer en proverbe.

Il est probable que l'histoire d'Annibal par Philænus était écrite en langue punique, et qu'ensuite elle aura été traduite en grec. Je ne crois pas que l'expression employée par Cicéron, DE DIVIN. lib. I, cap. 49, soit contraire à cette opinion : *Hoc autem in Philæni græcâ historiâ est.* Pourquoi Cicéron emploie-t-il ce mot *græcâ?* c'est précisément parce qu'il ne veut pas dire *punicâ*, et se vanter d'entendre la langue punique. Aurait-il dit, s'il eût cité Polybe, *hoc autem in Polybii græcâ historiâ est?* Aurait-il averti les Romains que l'histoire de Polybe était écrite en grec? Au reste, le

6

nom de Philænus, écrit de diverses manières par les auteurs, me semble bien orthographié par Cornelius Nepos. Ce nom, d'origine punique, était révéré à Carthage, et rappelait le fameux dévouement des frères Philænus, qui, pour reculer les limites de leur patrie, se laissèrent enterrer vivants : dévouement dont plusieurs auteurs ont parlé, et assez connu par le monument que les Latins ont appelé *Aræ Philænorum.*

Page 17, v. 14.

Il te fallait marcher de Canne au Capitole.

Les plus habiles militaires conviennent maintenant que c'est à tort qu'on a accusé Annibal de n'avoir pas fait le siége de Rome après sa victoire de Cannes, et de s'être laissé amollir par les délices de Capoue, qui sont passées en proverbe. C'est Montesquieu qui, le premier, dans son bel ouvrage de la Grandeur des Romains et de leur Décadence, a vengé Annibal de cette accusation, qui paraît injuste : mais enfin cette opinion a subsisté deux mille ans; et la poésie s'arrange assez bien des erreurs populaires.

Je dois dire cependant que le chevalier Folard est loin d'excuser Annibal de n'avoir pas, après la bataille de Cannes, marché de suite contre Rome.

Page 19, v. 10.

. . . . . . Imitez l'exemple de mon père.

Le chevalier Folard ne regarde pas Amilcar Barcas comme inférieur à Annibal même. Quel génie et quelle intrépidité il déploya au siége d'Érix, en Sicile, où, se jetant au milieu des ennemis, tout-à-la-fois assiégeant et assiégé, n'ayant ni ville alliée, ni espérance de secours, il fatigua tellement les Romains qu'ils n'étaient pas plus avancés après trois ans que le premier jour! Cependant, quand la flotte des Carthaginois fut détruite, comme il ne pouvait plus recevoir de munitions, le sénat de Carthage lui ordonna de traiter avec les Romains; et il répondit à Lutatius, qui voulait que lui et ses soldats rendissent les armes : « Je périrai plutôt que de rendre à « l'ennemi les armes que ma patrie m'a données pour la « défendre. » Lutatius, qui, malgré son orgueil et tous ses avantages, craignait encore un tel homme, fut obligé de céder.

Amilcar s'immortalisa ensuite par sa fameuse expédition contre les rebelles d'Afrique. Carthage, sur le point de périr, rappela au commandement Amilcar, qui, voyant qu'il était impossible de faire aucune grace aux rebelles, à cause des cruautés inouies qu'ils avaient exercées, et n'ayant que des milices inexpérimentées, et de moitié inférieures en nombre aux révoltés qu'il combattait, enferma entre des montagnes, au passage *de la Hache*, cinquante mille guerriers pleins d'audace, qu'il avait dressés lui-même dans la guerre de Sicile, et il les fit tous périr par la faim, sans perdre un seul homme de son armée.

Page 22, v. 17.

Son père fut défait au lac de Trasymène.

Quelques savants, et, entre autres, Sigonius, auteur

des Fastes consulaires., pensent que le Titus Quintius
Flaminius, qui voulait contraindre Prusias à livrer Annibal, n'est pas le fils du Flaminius qui fut vaincu au
lac de Trasymène. Ils prétendent que d'après les mé-
dailles et les inscriptions des Fastes capitolins, le nom
de ce Flaminius qui a donné la liberté à la Grèce, doit
s'écrire, non pas *Flaminius*, mais *Flamininus*. Cependant
Justin et d'autres auteurs écrivent *Flaminius;* Plutarque
et Appien d'Alexandrie écrivent Φλαμίνιος. L'auteur de
la vie d'Annibal qui se trouve insérée dans les œuvres
de Plutarque, non seulement écrit *Flaminius,* mais il
s'exprime ainsi (Traduction de Charles de Lécluse):
« Flaminius lui augmentait davantage la suspicion, lequel
« il estimoit estre le plus grand ennemy qu'il eust en
« Rome, tant publiquement pour la haine commune de
« tous les Romains, que particulièrement pour la mé-
« moire de son père Flaminius, lequel fut tué en la
« bataille qui se donna auprès du lac Trasymène. »
Freinshemius, dans ses notes sur Florus [1], au sujet de
ces mots *Flaminio duce*, cite une pierre antique où sont
ces propres termes : *Titus Quinctius Flaminius est e gemma*
F. Ursini. Des savants, tels que l'auteur du livre intitulé *de Viris illustribus*, ainsi que d'habiles commen-
tateurs, à la tête desquels se trouve Dujatius, n'ont pas
craint, probablement d'après des recherches historiques
qu'ils ont faites, mais dont ils n'ont pas rendu compte,
de dire positivement que Titus Quintius Flaminius, qui

---

(1) FLORUS, lib. II, cap. 7, ed. Græv.

avait rendu la liberté à la Grèce, et avait sollicité Prusias
de livrer Annibal aux Romains, était fils de Flaminius
qui fut vaincu et tué à Trasymène; et c'est l'opinion du
grand Corneille.

Je sais bien que si j'avais à soutenir cette opinion
devant l'académie des Inscriptions et Belles-Lettres,
plusieurs membres de cette académie pourraient me
répondre que l'autorité du grand Corneille n'est d'aucun
poids dans cette affaire; que l'orthographe de Plutarque,
d'Appien, et de Florus, est fautive; que Plutarque n'est
pas l'auteur de la vie d'Annibal; que Sigonius a très-
bien prouvé que l'auteur du livre *de Viris illustribus* n'est
pas un savant, ou que le passage qui se trouve dans le
texte d'Aurelius Victor, à l'article *Tit. Quinctius Flamininus*, y aura été, comme on le présume, inséré par quelque
ignorant; que Freinshemius sommeillait quand il a fait
son observation; que Le Duchat s'est évidemment trompé,
et que le docte Crevier a même indiqué la source de
l'erreur de Le Duchat. D'ailleurs, me dirait-on, il existait
alors un Caius Flaminius, qui fut consul en DLXVI:
celui-ci pourrait bien être le fils de C. Flaminius vaincu
à Trasymène, et qui a donné son nom à la voie Fla-
minienne. Mais il ne faut pas confondre cette famille,
qui était plébéienne, avec celle de Titus Quinctius
Flamininus, et de son frère Lucius Quinctius, chassé du
sénat par Caton le Censeur, pour un acte de barbarie
aussi perfide, aussi atroce, que le motif en était infâme.

(1) Mme Dacier, dans ses notes sur Aurelius Victor, l'appelle Quintus
Flaminius.

Ceux-ci étaient de la famille noble des Quinctius, trans-
férée d'Albe à Rome, et une de celles où l'on choisissait
les prêtres de Jupiter, de Mars, et de Quirinus, connus
sous le nom de *Flamen*.

J'avoue qu'il me serait presque impossible de ne pas
me rendre à ces raisons : cependant je pourrais objecter
qu'il reste encore beaucoup d'incertitude sur plusieurs
points de l'histoire de ces temps : que d'ailleurs, chez
tous les peuples, il y a de grandes variations sur les noms
des hommes qui ont joué quelque rôle dans l'histoire.
En effet les trois guerriers romains qui ont combattu
contre les Albains s'appelaient-ils les Curiaces ou les
Horaces? N'est-ce pas le parti que Tite-Live a voulu
prendre qui a décidé la question? Et, pour citer un
exemple de notre propre histoire, quel est le véritable
nom du fameux connétable que nous appelons Duguéclin? Les lettres de ce nom ont subi cinq ou six altéra-
tions depuis deux cents ans seulement : et Montaigne,
dont le nom même a été altéré, malgré la note expresse
qu'il a faite pour prévenir cet inconvénient, Montaigne
nous apprend que de son temps, à-peu-près vers 1564,
le nom de Duguéclin, ou Du Guesclin, ou Du Gues-
clain, etc., s'écrivait Glesquin, ou Guéaquin, ou Gues-
quin. Martène, *Thes. Anecd.*, l'écrit ainsi : De Glaiequin.

Enfin, pour en revenir à l'objet en question, et c'est
la meilleure raison que je puisse donner, personne ne
disconviendra qu'il suffit qu'il y ait eu quelque dis-

(1) *Essais*, liv. I, ch. 46.

cussion sur un sujet, pour qu'un poëte soit libre de choisir à son gré ce qui lui est le plus favorable ; et, s'il n'usait de son droit, il s'exposerait à des reproches très-justement fondés.

Page 27, v. 11.

Par quel conseil naguère aux Achéens ravie
Zacynthe indignement fut à Rome asservie.

C'était par le conseil de Flaminius même ; et, à ce sujet, il parla assez insolemment à Philopœmen : « Fla-« minius, » dit Plutarque, trad. d'Amyot, « rencontrait « plaisamment et aiguement, comme quand il dit une « fois aux Achæïens, qui se voulaient attribuer l'isle des « Zacynthiens, pour les divertir de cette entreprise : Vous « vous mettrez en danger, seigneurs Achæïens, si vous « sortez une fois hors du Péloponèse, ne plus ne moins « que les tortues, quand elles mettent la tête hors de « leur cocque. » Il en cite encore un autre exemple : « La première fois qu'il parlementa avec Philippus, pour « traiter d'appointement, comme Philippus lui eust dit : « Tu as amené beaucoup de gens avec toi, et je suis « venu seul ; » il lui répondit promptement : « Aussi as-tu « tant fait que tu es démouré seul, ayant fait mourir tous « tes parents et amis. »

On voit que les ambassadeurs romains parlaient avec beaucoup d'insolence aux chefs des nations, et Montesquieu en a fait la remarque.

Page 33, v. 7.

Lui qui pour ses bienfaits vit naguère en son nom
La Grèce consacrer le temple d'Apollon.

Titus Quintius Flaminius fut en effet honoré, de son
vivant, comme un dieu. Plutarque s'exprime ainsi, dans
la traduction d'Amyot : « Le peuple chalcidien a dédié
« ce parc des exercices à Titus et à Hercules » : et au
temple nommé Delphinium, « Le peuple chalcidien a
« consacré ce temple à Titus et à Apollo » : « Et encore
« jusqu'à-présent, » dit Plutarque, « il s'eslit par les voix
« du peuple un prebstre expressément pour faire sacri-
« fice à Titus, auquel sacrifice, aprés que l'hostie est
« immolée, et l'effusion du vin faite, le peuple chante
« un cantique de triumphe fait en vers à sa louange. »
Quant à la liberté qu'il donna à la Grèce, le bon et
vertueux Rollin, après avoir parlé des fêtes que reçut
Flaminius, ajoute : « Y eut-il jamais une journée plus
« glorieuse que celle-ci le fut pour Flaminius et pour
« le peuple romain ? Qu'on entasse ensemble tous les
« trophées, toutes les victoires, toutes les conquêtes
« d'Alexandre, que deviennent-elles rapprochées de cette
« unique action de bonté, d'humanité, de justice ? »
　　Montesquieu a vu de plus haut, lorsqu'il a dit : « Les
« Grecs se livrèrent à une joie stupide, et crurent être
« libres en effet parce que les Romains les déclaraient
« tels. »

Page 37, v. 8 et suiv.

N'a-t-il donc pas brûlé quatre cents de tes villes;
Annibal, en dix ans, n'a-t-il pas sans pitié
De tes nombreux enfants fait périr la moitié?

Cornelius Lentulus s'exprime ainsi dans Appien
d'Alexandrie [1] : « Annibal a détruit quatre cents de nos
« villes, τετρακόσια ἄςη; et remplissant les fleuves (le
« torrent du Vergellus) de cadavres des Romains, il les
« a fait servir à l'usage qu'on tire des ponts. » Ailleurs [2]
Appien dit qu'Annibal, dans l'espace de deux ans, tua
cent mille guerriers, tant des Romains que de leurs alliés.
Voici le passage : Καὶ Ῥωμαῖοι δύο ἔτεσιν ἤδη περὶ τὴν
Ἰταλίαν Ἀννίβα πολεμοῦντες, ἀπολωλέκεσαν ἀνδρῶν ἰδίων τε
καὶ συμμάχων ἐς δέκα μυριάδας. Le premier traducteur
latin avait lu probablement dans son manuscrit ἐς εἴκοσι
μυριάδας, et il a traduit *ducenta millia;* traduction qui
est restée dans l'édition de *Tollius,* dite *Variorum,* dont
le texte cependant porte δέκα : il est bien étrange que la
même faute se retrouve dans l'Appien de Schweighaeuser.

Avant qu'Annibal vînt en Italie, il y avait plus de
deux cent soixante - dix mille citoyens dans le territoire
de Rome; sept ou huit ans après, il n'y en avait plus
que cent trente-sept mille, suivant quelques auteurs.

(1) De Bellis Pun. cap. 34.
(2) De Bellis Annib. cap. 328.

Page 54, v. 14.

Dans tes nobles travaux, ô mon dernier appui,
Sois semblable à ton maître, et plus heureux que lui!

Ὦ παῖ, γένοιο πατρὸς εὐτυχέςερος
Τὰ δ' ἄλλ' ὅμοιος.

Ἄιας Μάςιγ. v. 550.

Disce, puer, virtutem ex me, verosque labores;
Fortunam ex aliis.   Virg. Æneid. XII, v. 435.

Virgile, dans l'imitation qu'il a faite du poëte grec,
a pris un ton plus imposant, plus solemnel; Sophocle a
quelque chose de plus naturel et de plus touchant.

Page 58, v. 14 et 15.

Mon père (alors j'entrais dans ma dixième année)
Au temple de Junon sacrifiait un jour.

Villius, quelque temps après avoir été consul, se mé-
nagea à la cour du roi de Syrie plusieurs conférences
avec Annibal, pour sonder ses dispositions, s'il était
possible, et lui persuader qu'il n'avait rien à craindre
des Romains[1]; ce qui rendit Annibal suspect au roi. Afin
de dissiper les soupçons d'Antiochus, Annibal se con-
tenta, pour toute explication, de lui raconter quel serment son père lui avait fait jurer sur les autels, lorsqu'il
était encore enfant. Le roi lui rendit sur le champ son
amitié. Mais de vils flatteurs empêchèrent bientôt ce
prince de suivre les conseils d'un grand homme.

(1) Tit.-Liv. lib. XXXV, cap. 14.

Page 58, v. 16.

J'y servais les autels.

Antoine de Guevara, évêque de Mondonedo, dans un ouvrage dont je vais citer le titre, ainsi qu'un passage, en langue italienne (n'ayant pu retrouver, même dans nos grandes bibliothèques, l'original en langue espagnole), dit que les enfants des premières familles de Carthage étaient élevés dans les temples, depuis trois ans jusqu'à leur douzième année. Christophe Hendreich [1] cite une partie du passage en latin : mais il ne cite pas le commencement de ce passage assez curieux, où Guevara indique l'ouvrage d'où il a tiré ce qu'il avance. Voici le passage de Guevara [2].

« Patricio Senese, nel libro della republica, dice que « la citta di Cartagine, prima che essa guerreggiasse con « Romani, era molto generosa, et haveva la sua republica « ben ordinata, ma perche la guerra ha questo publico « costume, che uccide gli huomini et consuma la robba, « et sopra tutto estingue gli antichi costumi, Cartaginesi « haveano per costume, che i fanciulli, et specialmente « quelli de gli huomini honorati, da tre anni in su sina « a i dodici si creavano ne i tempij, da dodici sin' a vinti « si davano ad imparare gli ufficij, da vinti sin' a vinti « cinque imparavano l'arte della guerra nella casa mili- « tare ; forniti gli anni trenta, attendevano al suo matri-

(1) Carthago, lib. I, sect. 2, cap. 2.
(2) Horol. de Princip. lib. II, cap. 39. — Trad. fr., chap. 34.

« monio, perche era tra loro legge inviolabile, che non
« si maritasseno fin che 'l giovane non havesse anni
« trenta, et la giovane venti cinque[1]. »

L'auteur du livre que cite Guevara, et dont il a tiré
le passage sur les Carthaginois, est François Patricius,
ou Francesco Patrizi, évêque de Gaëte, né à Sienne,
mort en 1494. Cet ouvrage est dédié au pape Sixte IV,
et est intitulé : *Francisci Patricii Senensis, de Institutione
Reipublicæ, libri novem.* J'aurais desiré savoir quel livre
ancien avait instruit Patricius d'un usage des Carthaginois, qui semblait ne pas avoir lieu au temps des
guerres de Carthage et de Rome, mais il m'a été impossible de retrouver, dans l'ouvrage de Patricius, le passage
cité par Guevara. Je n'ai pu vérifier assez exactement
s'il se trouve dans un autre livre de Patricius, intitulé :
Enneas de Regno et Regis institutione.

Page 60, v. 14 et 15.

Terre, soleil, et toi, si tes sacrés autels,
Bélus, ont vu ma mère, oubliant les mortels, etc.

Les femmes, à Carthage, se dévouaient assez souvent
à une espèce de sacerdoce, du vivant même de leurs
maris. Quelquefois elles consentaient à faire entrer à leur
place, dans le lit nuptial, d'autres femmes ; et, sans

---

(1) *Libro di Marco Aurelio, con l'Horologio de Principi.* In Venetia,
Francesco Portonaris da Trino, 1562. C'est l'imprimeur-libraire Portonaris
qui a traduit cet ouvrage.

perdre leur titre d'épouses, elles observaient dès-lors une chasteté si sévère, qu'elles ne se permettaient pas même d'embrasser leurs enfants mâles. Du temps de Tertullien[1], c'était à Cérès qu'elles se dévouaient. La famille d'Annibal, suivant une vieille tradition, descendait de Bélus et de la déesse Anna, sœur de Didon. Junon, dans Silius Italicus[2], parle ainsi à cette déesse :

> Sanguine cognato juvenis tibi, Diva, laborat
> Annibal, a vestro nomen memorabile Belo.

Page 64, v. 8.

J'obtienne enfin la mort d'un moment de pitié.

C'est ce qui arriva, peu d'années après la mort d'Annibal, au malheureux Persée, dont triompha Paul-Émile : un soldat tua ce roi par pitié. Quelques-uns cependant ont dit que les soldats qui gardaient ce prince, le firent mourir en le privant de sommeil. Le fils du dernier roi de Macédoine, que son père avait nommé ALEXANDRE, cent cinquante ans environ après la mort du fameux conquérant de l'Asie, exerça d'abord à Rome le métier de tourneur-tabletier, τορευτὴς λεπτουργὸς, et ensuite dans la ville d'Albe, celui de greffier, ὑπογραμματεὺς.

Page 64, v. 16.

Prononce sur mon corps les funèbres adieux.

---

(1) TERTULL. lib. I, cap. 6, ad Uxorem.
(2) SIL. ITAL. lib. VIII, v. 30.

On retrouve en deux passages de Virgile les traces de cette ancienne coutume :

Sic o sic positum affati discedite corpus !

Æneid. lib. II, v. 645.

Salve æternum mihi, maxime Palla,
Æternumque vale !

Æneid. lib. XI, v. 97 et 98.

Page 66, v. 1.

Avancez...! Dieux ! ce glaive échappe de ma main.

Cette petite scène est prise d'un dessin admirable de M. Girodet, où il représente les Romains s'avançant, la pique en arrêt, sur Annibal qui vient de succomber au poison.

www.ingramcontent.com/pod-product-compliance
Lightning Source LLC
Chambersburg PA
CBHW060631100426
42744CB00008B/1578